### 멘토르Mentor 는

그리스신화에 나오는 오디세우스의 친구입니다.

오디세우스는 트로이 전쟁에 출정하면서 아들 텔레마쿠스를
친구인 멘토르에게 맡깁니다.

이후 멘토르는 엄격한 스승이며 지혜로운 조언자,
때로는 아버지로서 필요한 충고와 지도를 하여
텔레마쿠스를 강인하고 현명한 왕으로 성장시켰습니다.

오늘날 멘토 또는 멘토르는 충실하고 현명한 조언자
또는 스승이라는 의미로 쓰이고 있습니다.

멘토르 출판사는 독자 여러분의 인생에 좋은 길잡이가 되는
책을 만들고자 늘 노력하겠습니다.

'정성'의 진수를 보여주신 나의 어머니
문말남 여사에게 이 책을 바칩니다.

지금 내가 속한 곳이 나를 결정하는 것이 아니라,
내가 바라보는 곳이 나를 결정한다.

_____ 님께

_____ 드림

꿈을 완성시키는
# 마지막 1%
# 정성

꿈을 완성시키는
## 마지막 1% 정성

**초판 1쇄 인쇄**  2013년 2월 27일
**초판 3쇄 인쇄**  2013년 5월 20일

**지은이**  송수용
**펴낸이**  정연금
**펴낸곳**  멘토르

**책임편집**  문진주
**기획**  ㈜엔터스코리아 작가세상 · 문진주 · 이수정 · 김미숙 · 조원선 · 안소영 · 강지예 · 김유진
**진행**  이상희
**표지 · 내지 디자인**  design Bbook
**표지사진**  박초월(starc23@naver.com)
**마케팅**  이운섭 · 나길훈
**경영지원**  안정배 · 설윤숙 · 박은정

**등록**  2004년 12월 30일 제 302-2004-00081호
**주소**  서울시 마포구 동교동 198-5번지 신흥빌딩 3층
**전화**  02-706-0911
**팩스**  02-706-0913
**ISBN**  978-89-6305-121-5 (13320)
**홈페이지**  http://www.mentorbook.co.kr
**이메일**  mentor@mentorbook.co.kr

★ 책값은 뒤표지에 있습니다.
★ 잘못된 책은 구입한 서점에서 바꿔 드립니다.
★ 이 책에 실린 모든 내용, 디자인, 이미지, 편집 구성의 저작권은 ㈜멘토르 출판사와 저자에게 있습니다.

꿈을 완성시키는
# 마지막 1% 정성

**차례**

프롤로그   하늘이 무너져도 솟아날 구멍은 있다 • 6

## 제1장 부족한 건 스펙이 아니라 정성이다

발칙한 녀석, 직원 모집도 하지 않은 회사에 들어가다 • 20
사회부적응자 지호, 억대 연봉의 강사가 되다 • 27
뭐? 야채 팔아서 수백억을 번다고? • 36
외식업계의 진주가 된 보일러 수리공 • 44
진짜 장애는 마음의 장애다 • 54
미녀를 얻은 야수의 작업 노하우 • 62
최종학력 초졸, 내게는 천만다행 • 69
부족한 스펙은 없다, 채워나갈 경력만 있을 뿐 • 76

## 제2장 인생을 뒤바꾼 정성의 힘

백배의 수익으로 돌아온 '정성 환불' • 86
거래처의 마음을 훔친 상황맞춤형 '정성 선물' • 91
사소한 음식을 수백억짜리 황금 메뉴로 만든 '정성 레시피' • 97
고객이 다시 오지 않고는 못 배기는 '정성 서비스' • 104
연봉 3억, 고객이 나의 실적을 염려하도록 만든 '정성 세일즈' • 110
최고의 마케팅 전략인 입소문을 만든 '정성 마케팅' • 117
직원이 회사를 사랑하고 일에 몰입하게 하는 '정성 경영' • 124
행운을 가져오는 귀인을 만나는 비결 '정성 커뮤니케이션' • 137
백만 독자가 감동받은 '정성 글쓰기' • 148
마음을 움직여 즉각 변화를 일으키는 '정성 강의' • 157

## 제3장 내 꿈을 완성시키는 마지막 1% 정성의 원리

정성이란 무엇인가? • 168
왜 나는 정성을 다하지 못하는 걸까? • 173
명품 정성, 짝퉁 정성 • 178
정성은 능력이 아니라, 연습으로 완성된다 • 184
작은 정성이 쌓이고 쌓여 큰 믿음이 된다 • 190
정성은 '차별화'의 실제 내용이다 • 196
정성은 '간절한 집중'으로 구현된다 • 201
정성은 생각, 감정, 행동의 트리플 악셀이다 • 206

## 제4장 감동을 주는 정성, 제대로 시작하자

변화를 위한 '자발적 고독'이 필요하다 • 214
꿈을 이룰 인생의 베이스캠프를 세워라 • 220
내 꿈을 지지하고 격려해줄 사람을 만나라 • 225
배우고, 적용하고, 고치고, 공유하라 • 230
고객의 마음에 내 이름을 새겨 휴먼브랜드가 돼라 • 235
경청과 배려로 따뜻하고 멋진 리더가 돼라 • 241
나누기 위해 누리고, 누리기 위해 나눠라 • 246
지금, 내 마지막 순간에 읽을 추도사를 써보자 • 252
나는 될 수밖에 없다, 될 때까지 할 거니까 • 257
일어나 박수쳐라, 나에게 • 263

**에필로그** 어머니의 마음으로 정성을 담다 • 269
**참고문헌** • 271

**프롤로그**

# 하늘이 무너져도 솟아날 구멍은 있다

뮤지컬 〈레미제라블〉의 주인공 장발장이 범죄자와 명망 있는 신사라는 두 정체성 사이에서 고뇌할 때마다 자신에게 던지는 질문이 있다.

'Who am I?'

'나는 누구인가?' 그는 이 질문을 계속해서 자신에게 던지며 숙고하고 또 숙고한 다음 어떻게 할지 결정한다. 그렇다면 장발장만 인생에서 중요한 결정을 할 때 이런 고민에 빠질까? 사실 인생에서 부딪히는 문제들은 대부분 이 질문에 대한 대답으로 그 방향을 찾을 수 있다.

나는 DID 마스터다. 나는 DID 정신을 사람들에게 전파해 그들이 인생에서 반전을 시도하고 또 이룰 수 있도록 돕는다. DID는 들D이대D의 약자다. 영어로는 'Do It…Done'으로 설명하기도 한다. 이 재미있는 용어는 신개념 음식물 처리기 '매직카라'를 개발·판매하는 최호식 대표가 기업 경영 철학에 대해 언론과 인터뷰하면서 중소기업의 어려움을 타개해가는 CEO의 마음가짐을 표현할 때 처음 사용했다. 지금은 돈도, 학벌도, 배경도 없지만 당장 할 수 있는 것, 작지만 나만의 독특한 아이디어로 시작할 수 있는 것부터 DID하면(들이대면) 반드시 기회가 온다는 뜻으로 쓴다.

나는 그동안 많은 사람에게 DID 마인드를 전파해왔다. 〈세상을 바꾸는 시간 15분〉〈TEDx Daejeon〉〈나의 꿈을 소리치다〉에서 강연한 영상들은 인터넷을 타고 계속 확산되고 있다. EBS의 〈대한민국 성공시대〉 프로그램의 '성공 DID' 코너에 열 달 동안 출연했을 때는 많은 청취자가 열띤 성원을 보냈으며 일본에서 방송을 들은 분은 고맙다는 카드를 보내왔다.

연간 300여 회 강연하면서 대기업, 중소기업, 공공기관, 다양한 사회단체, 각종 CEO 과정, 대학교와 중·고등학교, 군부대, 병원에 이르기까지 정말 많은 사람을 만났다. 강의가 끝난 뒤 참가자들에게서 기적 같은 피드백을 받을 때마다 놀랍고 감사했다. 28번 취업에 실패한 지방대 학생이 강의를 듣고 DID를 실행해 29번째 도전에서는 취업에 성공한 이야기, 사회부적응자처럼 지내던 학생이 '들이대' 억대 연봉을 받는 강사가 된 이야기, 사업에 실패하고 인생을 포기하려던 50대 중반의 가장이 재기에 성공한 이야기….

이 밖에도 강의를 들은 많은 사람이 인생 반전에 성공한 사례를 메일로, 손수 쓴 편지로 전하고 직접 찾아와 들려주기도 했다. 나 자신도 놀랐고 감격했다. 그리고 감사했다. 단 한 사람의 인생이라도 지금보다 더 나아질 수 있다면 고마운 일일 텐데, 참으로 많은 사람이 인생을 반전하는 데 성공한 것이다. 이렇게 찾아오는 사람들이 많아지면서 이제는 한 달에 한 번씩 토요일 아침 7시에 조찬 모임을 열어 서로 성공담을 나누고 명사들의 강연도 듣게 되었다.

그러나 모든 일에는 양면성이 있기 마련이어서 DID를 한다고 해서 모두 성공하는 것은 아니다. 어느 날엔가 DID를 했는데도 실패했다는 사람을 만났다. 그래서 그에게 어떻게 실패했는지 자세히 들려달라고 했다. 그의 이야기를 듣는 내내 너무 안타까웠다. 그리고 나 자신을 반성하게 되었다. 그는 DID는 했지만 자기 생각대로만 일방적으로 들이댔다. 상대방의 처지나 상황은 전혀 고려하지 않고 막무가내로 들이댄 것이다. 상대방은 처음에는 깜짝 놀랐지만 나중에는 상처를 받았다.

DID는 절대로 상대방이 상처를 받을 정도로 함부로 들이대면 안 된다. 상대방의 마음을 움직이는 것이 DID의 목적이다. 상대방의 마음을 움직이려면 그만큼 노력해서 상대방이 진정성을 느끼게 해야 한다. 그와 대화를 나눈 뒤 내가 무엇을 잘못했는지 돌아보았다. 사람들이 어두운 과거와 무기력한 배경에 짓눌려 꿈을 이루려고 시도조차 하지 않는 모습이 안타까워 실행력과 열정의 중요성을 강조하기 위해 DID하자고, 들이대자고 외쳤는데 그것이 오히려 한쪽에서는 오해를 불러일으킨 것이다. DID하라고만 했지 어떻게 DID해야 하는지 성찰이 부족했던 것이다.

이 책은 어떻게 해야 사람의 마음을 움직이는 DID가 가능한지 돌아본 결과물이다. 정성을 다해 외식업계의 진주가 된 보일러 수리공, 작은 정성으로 수백 배의 수익을 올리는 경영자, 야수 같은 청년이 공주처럼 아름다운 여인을 아내로 맞이한 정성 사랑 이야기 등 직접 현장에서 만난 이들의 이야기는 물론 정성으로 최악의 상황을 멋지게 반전시킨 사람들의 흥미진진한 사례를 담았다.

지구 곳곳에서 사람들이 힘들어하는 소리가 들린다. 모든 세대가 아파한다. 자포자기에 빠진 이들의 한숨과 냉소적인 목소리가 들린다. 그럼에도 나는 '하늘이 무너져도 솟아날 구멍이 있다'는 사실을 알려주고 싶다.

그런데 솟아날 구멍은 그것을 찾는 사람에게만 보인다. '정성'으로 무너진 하늘을 뚫고 새로운 희망의 무지개를 발견한 사람들이 있다. 그 사람들은 저 높은 곳에 있지 않다. 바로 내 옆에 나와 함께 있다. 이들의 소박하지만 간절한 정성이 만들어낸 아름다운 희망 이야기가 삶에 지쳐 있는 우리 마음에서 다시 한번 해보자는 결심을 이끌어내기를 소망한다.

## 내 인생은 왜 아직도 이렇게 힘든 걸까?

"갈 데가 없으니까 이 학교에 들어왔죠. 제 인생은 늘 이런 식이에요. 저도 뭘 어떻게 해야 할지 모르겠어요."

"한 달 벌어서 카드값 막기 바쁩니다. 경기는 어렵고 그나마 여기서 월급이라도 받으니 다행이라고 생각해요. 근데 앞이 안 보여서 답답합니다. 그게 제일 힘들어요."

"명예퇴직 신청해서 받은 목돈으로 사업을 시작했습니다. 저 나름대로 열심히 한다고 했는데 세상은 그리 만만치 않더군요. 2년도 안 돼서 투자한 돈 다 날리고 빚까지 떠안게 됐습니다. 가깝게 지내던 사람들과도 원수처럼 됐어요."

미래를 생각할 때마다 답답하고 슬프고 화가 난다면, 영원히 이 상태로 머물러 있을까 봐 겁난다면, 무엇을 잘못해서 여기까지 왔는지 매일 생각한다면 불행한 사람이다. 삶이 마음에 들지 않고 하루하루가 힘들고 고통스러운 사람이다. 우리는 왜 이렇게 힘들고 고통스럽게 살아갈까? 인생은 왜 이리도 험난하기만 할까?

## 나를 잘못 알고 있다

내가 힘들게 사는 이유는 첫째, 나 자신을 잘못 알고 있기 때문이다.

"갈 데가 없으니까 이 학교에 들어왔죠. 제 인생은 늘 이런 식이에요. 저도 뭘 어떻게 해야 할지 모르겠어요."

이렇게 말하는 사람은 자기 능력이 안돼서 별 신통치 않은 학교에 다닌다고 생각한다. 그러다 보니 미래에 대한 희망이 없다. 하지만 자신을 능력 없는 사람이라고 생각한다고 해서 실제로 능력이 없는 것은 아니다.

경기대학교에서 한 학기 동안 '자기계발과 진로선택'이라는 과목을 강의한 적이 있다. 학생들에게 기업에 근무하면서 절망적인 상황과 열악한 환경 속에서도 DID로 정성을 다해 기적 같은 성과를 만들어 낸 사례를 들려주었다. 마지막 시간에 그동안 수업을 들으면서 느낀 점을 적어내라고 했다. 미술경영학과의 한 학생은 아래와 같은 내용을 보내왔다.

> "평소엔 '어차피 안 될 거 뭐 하러 고생하냐'는 마음으로 살아왔습니다. 그러나 수업을 들으면서 제 마음은 '어차피 안 될 거 도전이라도 해보자'는 쪽으로 바뀌었습니다. 수업을 다 들은 뒤 '도전해서 안 되는 건 없다'는 것을 깨달았습니다. 졸업한 뒤에도 비전 계획을 성실하게 실천해서 꼭 소마미술관 큐레이터라는 최종 목표에 도달하겠습니다."

이 학생 역시 처음에는 자기 능력이 매우 부족하다고 생각했다. 그러나 수업을 들으며 용기를 얻어 학기가 끝나기 전 소마미술관 자원봉사자 모집에 지원했다. 일하고 싶은 곳에서 봉사하는 것이니 아주 좋은 기회였다. 문제는 다른 지원자들 역시 그렇게 생각한다는 것이었다. 정규직원을 모집하는 것만큼이나 경쟁률이 높았다. 게다가 학벌이 좋고 외국 유학까지 다녀온 지원자도 많았다.

보통 때 같으면 포기하고 '어쩔 수 없지 뭐' 했겠지만 한 학기 동안 DID 마인드를 배우고 난 뒤라 그대로 물러서지 않았다. 이 학생은 제출 서류 목록에는 없지만 '소마미술관'이라는 자신의 목표가 적힌 비전보드를 자기소개서에 첨부했다. 비전보드는 '자기계발과 진로선택' 수업 시간에 미래의 꿈과 비전을 책, 잡지 등을 이용해 콜라주 형태로 만든 것이다.

면접관들은 독특한 자료를 보고 이 학생에게 특별한 관심을 보이며 질문을 많이 던졌다. 학생은 수업 시간에 이미 충분히 토론하고 발표한 내용이라 망설임 없이 자신 있게 답변했고, 결국 스펙 좋은 다른 지원자들을 물리치고 합격했다.

능력을 탓하는 사람은 대부분 실제로 능력이 없는 것이 아니라 능력이 없다고 생각하는 것일 뿐이다. 그래서 자신감이 없어지고 무기력해진다. 자신감이 없어 보이니까 상대방도 능력이 없을 거라고 지레짐작하고 기회를 주지 않는다. 과거에는 입시에 실패했을 수도 있고, 학창시절에 한 번도 칭찬받은 적이 없을 수도 있으며, 원하는 것을 당당히 말하지 못해 손해를 봤을 수도 있다. 그런 경험으로 인해 섣불리 다른 일에 도전하기가 무섭고 '해봤자' 안 될 거라고 생각하게 되었을 것이다.

'바보는 되기 싫어.'

도전했다가 실패하면 웃음거리가 될까 봐 무섭기도 하고 자기 자신에게 더 실망할 것만 같다. 하지만 전에 무슨 일을 겪었든 그것은 모두 지나간 일이다. 지금은 내가 선택할 수 있다. 과거의 경험이 현재의 나를 이렇게 만들었다면 미래의 나는 지금부터 경험하는 것으로 만들어지고, 지금부터 경험하는 것은 스스로 설계할 수 있다. 오늘 내게 주어진 24시간을 무엇을 하며 어떻게 보낼지는 내가 선택할 수 있기 때문이다.

나는 능력이 없는 것이 아니라 해보지 않았을 뿐이다. 작은 것 하나라도 분야를 정한 뒤 정성을 다해 연습하면 서서히 자신감이 돌아온다. 자신감이 회복되면 표정과 얼굴빛이 바뀐다. 사람들은 그 표정과 얼굴빛을 보고 나를 판단한다. 어느새 당신은 능력자가 되어 있다.

### 왜 사는지 모른다

"나는 사람이 달에 가도록 돕는다."

이 엄청난 소명의식을 지닌 사람은 누구일까? 미국 항공우주국 NASA에서 근무하는 경비원이라고 한다. 그렇다면 이 경비원은 경비 일을 어떻게 할까? 일할 때 그의 눈빛과 얼굴은 어떤 모습일까? 〈아마겟돈〉에서 브루스 윌리스가 맡은 배역처럼 사명감과 책임감에 가득 찬 사람일 것이다. 이런 비전을 갖고 있다면, 그는 어쩌면 지구를 구해낼지도 모른다.

나사의 경비원처럼 무엇을 위해 일하고, 무엇을 위해 사는지는 내가 결정한다. 내 인생이 힘든 두 번째 이유는 내가 왜 사는지 그 이유를 정하지 않았기 때문이다.

"한 달 벌어서 카드값 메우기 바쁩니다. 경기는 어렵고 그나마 여기서 월급이라도 받으니 다행이라고 생각해요. 근데 앞이 안 보여서 답답합니다. 그게 제일 힘들어요."

이 직장인은 지금도 힘들겠지만 더 답답한 것은 미래가 보이지 않는다는 것이다. 한마디로 비전이 없다. 살다보면 삶의 단계마다 요구하는 과제가 많다. 학창시절에는 좋은 대학에 가려고 안간힘을 쓴다. 막상 대학에 들어가면 취업하려고 아등바등한다. 취업하고 나면 생존하려고 발버둥 쳐야 한다. 결혼해서 아이를 낳으면 이제 그 아이의 학업과 취업을 걱정해야 한다.

　이렇게 늘 주어지는 과제를 처리하다 보면 어느새 여든 살이 다 되어 있다. 한평생 참으로 치열하게 살아왔지만 그 길을 돌아보면 내가 해결하려 애쓴 문제만 보일 뿐 정작 나 자신은 보이지 않는다. 문제만 해결하다 평생을 보낸 것이다. 가슴 저 밑바닥에서부터 깊은 허무감이 밀려온다.

　월급이 적어서, 집이 가난해서, 몸이 아파서 삶이 고달픈 것이 아니다. 그런 것들을 기꺼이, 즐겁게 뛰어넘을 비전, 곧 삶의 이유가 없기 때문이다.

　이제 차분히 내 삶의 이유를 찾아보자. 새벽이 가장 좋겠지만 어느 때든 나 홀로 있는 시간을 갖자. 나를 돌아보면서 내 삶의 이유를 적어보자. 내 삶을 무엇으로 채울지 생각해보자. 무엇을 할 때 가슴이 뛰었는지 정리해보자. 이 시간이 바로 나를 위해 정성을 다하는 시간이다.

## 시련은 인생의 절반이라는 사실을 모른다

내 인생이 힘든 세 번째 이유는 힘든 것도 살아가는 자연스러운 과정이라는 점을 간과하기 때문이다.

　"명예퇴직 신청해서 받은 목돈으로 사업을 시작했습니다. 저 나름대로 열심히 한다고 했는데 세상은 그리 만만치 않더군요. 2년도 안 돼서 투자한 돈 다 날리고 빚까지 떠안게 됐습니다. 가깝게 지내던 사람들과도 원수처럼 됐어요."

이 사람은 50대 중반이 넘어서 시작한 사업에 실패해 힘겨워하고 있다. 사업에 실패해서 힘들어하는 것은 잘못이 아니다. 하지만 그 상태로 주저앉아 나이 탓, 운명 탓만 한다면 잘못이다. 살다 보면 결코 좋은 일만 생기지는 않는다.

나는 인생이 사람 '인人'자의 사이클로 흐른다고 생각한다. 올라갈 때가 있으면 내려갈 때도 있다. 박찬호 선수가 계속 이기기만 하는가? 박태환 선수가 계속 금메달만 따는가? 이승엽 선수가 계속 홈런왕을 차지하는가? 최고의 자리에 있는 선수들도 성적이 좋았다 나빴다 한다. 이것이 인생이다. 하지만 그들은 성적이 잠시 나빠졌다고 해서 좌절하거나 주저앉지 않는다. 그들은 다시 공을 던진다. 힘차게 팔을 뻗는다. 새롭게 배트를 잡는다. 그리고 다시 한 번 승리한다.

50대 초반에 사업이 잘못되어 자포자기했다가 내 책을 읽고 다시 인테리어 사업을 시작한 사람이 이메일을 보냈다.

"어느덧 여름이군요. 어느 봄날 송 대표님의 《DID로 세상을 이겨라》를 읽고 비전을 키운 사람입니다. 50대 중반에 내 일을 만들어보고자 노력했고 저 나름대로 꿈을 키웠습니다. 그리고 제 이름으로 작은 사업체를 하나 세웠습니다. 50여 년의 경험과 시행착오를 밑거름 삼아 열심히 하려고 다짐해봅니다. 조금 더 시간이 지나면 대표님을 찾아가 들이대려 합니다."

나는 그를 만나러 갔다. 그는 내게 회를 사주며 공공기관을 상대로 인테리어를 하는데 다행히 잘된다고 했다. 그처럼 50대든 60대든 인생에서 늦은 나이는 없다. 내가 끝이라고 인정하지 않는 한 끝난 것이 아니다. 내가 못났거나 재수가 없어서 실패한 것이 아니라 삶이 원래 그런 방식으로 흘러가게 되어 있기 때문에 실패한 것이다.

제2차 세계대전을 연합군의 승리로 이끌고 노벨문학상을 수상한 영국의 처칠 수상은 팔삭둥이로 태어나 몸이 몹시 허약했다. 혀가 짧아 언어장애가 있었으며 성적도 늘 꼴찌여서 저능아라는 소리를 들었다. 그의 막내딸은 두 살 때 패혈증으로 죽었고 다른 아들, 딸도 평생 알코올중독자로 살았다. 본인도 많은 선거에서 패배를 경험했다. 그는 고난을 참 많이 겪었지만 결코 포기하지 않았다. 그는 이렇게 말했다.

"운명이 시간과 공간이 있는 이 세계에 존재하는 만큼 우리의 운명과 화해합시다. 우리의 기쁨을 소중히 여기고 슬픔을 한탄하지 맙시다. 빛의 영광은 그림자 없이는 존재할 수 없습니다. 인생은 총체적이어서 좋은 것과 나쁜 것을 함께 취할 수밖에 없습니다."

인생이 힘든 것은 자연스러운 일이다. 나만 힘든 것이 아니라 사람이라면 누구나 겪는 터널을 지나는 것뿐이다. 힘들 때는 잠시 앉아 있어도 좋지만 계속 그 자리에 주저앉아 있으면 안 된다. 다시 마음을 가다듬고 길을 찾아 나서야 한다. 실패는 나를 바꾸라는 신호이니 실패 과정을 면밀히 분석해 장단점을 파악하고 나를 바꿔야 한다. 정성을 다해 작은 것이라도 지금 할 수 있는 일을 하다 보면 어느 순간 오르막길로 접어들게 된다.

정성은 지금까지 힘들었던 내 인생을 반전시킬 출발점이 된다. 그 출발은 내 꿈을 완성시키는 마지막 1%와 연결된다. 이제 그 출발을 시작하자. 정성이 그들의 인생을 어떻게 반전시켰는지, 그들의 꿈을 이루는 데 어떤 역할을 했는지 그 가슴 뛰는 흥미진진한 여행을 시작해보자.

2013년 1월
송수용

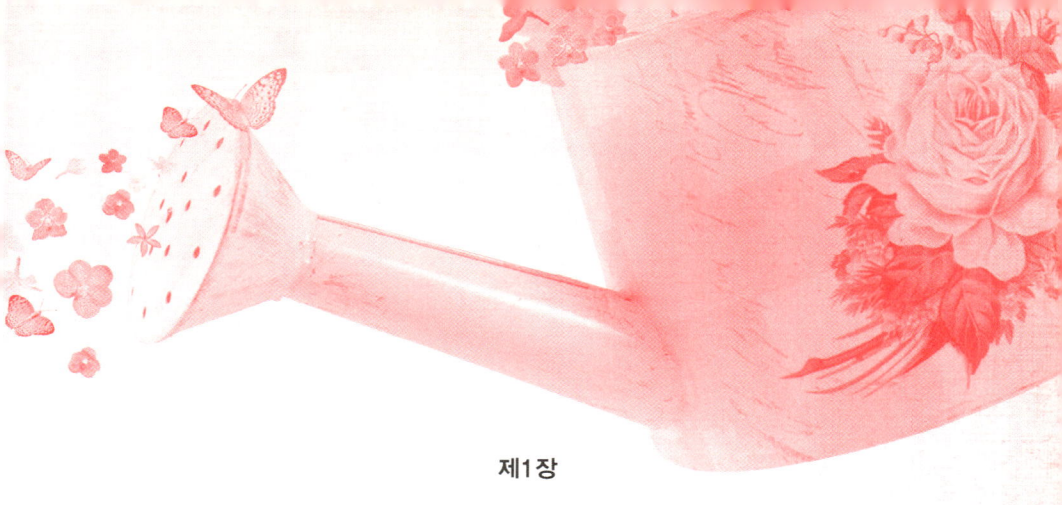

제1장

# 부족한 건 스펙이 아니라 정성이다

발칙한 녀석, 직원 모집도 하지 않은 회사에 들어가다
사회부적응자 지호, 억대 연봉의 강사가 되다
뭐? 야채 팔아서 수백억을 번다고?
외식업계의 진주가 된 보일러 수리공
진짜 장애는 마음의 장애다
미녀를 얻은 야수의 작업 노하우
최종학력 초졸, 내게는 천만다행
부족한 스펙은 없다, 채워나갈 경력만 있을 뿐

# 발칙한 녀석,
# 직원 모집도 하지 않은
# 회사에 들어가다

### 그 녀석과의 첫 만남,
### 24시간 세미나의 추억

그 녀석을 처음 만난 것은 새벽 5시 50분이었다. 내 앞으로 불쑥 나서더니 "오늘 강의 듣고 가슴이 너무 뛰어서 도저히 가만히 있을 수 없었습니다. 저도 교수님께 DID를 배우고 싶습니다"라고 했다. 그 순간부터 녀석은 내가 하는 각종 모임과 강의에 모두 참석했다.

그 녀석은 매우 이례적인 자리에서 처음 만났다. 24시간 잠을 한숨도 자지 않고 세미나를 하는 프로그램이었는데, 각 분야 CEO 또는 전문가 16명이 강사로 참여했다. 나는 16명의 강사 중 한 명이었다. 중간 식사 시간을 제외하고 50분 단위로 계속해서 강의가 진행되었다. 참가자들은 미리 참가비로 10만 원을 내고 24시간 세미나를 끝까지 참가하여 마치면 참가비를 돌려받기로 했다.

이런 놀라운 세미나를 주최한 곳은 브랜드 전문잡지 〈유니타스 브랜드〉였다. 편집장인 권민 대표는 '왜 록 페스티벌처럼 음악을 즐기면서 밤을 새우는 이벤트는 많은데, 지식을 즐기며 밤을 새우는 축제는 없단 말인가?' 하는 의문을 품고 이 세미나를 기획했다고 한다.

나는 24시간 중 새벽 5시 강의에 배치되었다. 주최 측에서 이미 내 강의를 들어보았기 때문에 일부러 그렇게 한 것이다. 사람들이 가장 졸려하고 힘들어할 시간에 'DID' 강의를 들으며 졸음을 떨치고 완주하도록 독려하려는 것이었다.

내가 강단에 올랐을 때 참가자들은 몹시 힘들어했다. 이미 19시간째 강의를 듣고 있었으니 어떻겠는가? 대부분 눈에 초점이 없고 비몽사몽이었다. 그래도 강의를 들으려고 볼을 꼬집는 사람도 있었고, 눈을 부릅뜨려고 애쓰는 이들도 있었다. 앞에서 그 모습을 보니 애처롭기도 했지만 한편으로는 대단했다. 그런 상황에서 내 강의가 시작되었다.

그리고 10분이 지나자 강의장이 술렁거리기 시작했다. 초점이 없었던 사람들의 눈에서 강렬한 빛이 나오고 있었다. 중간 중간 손뼉을 치며 박장대소하기도 하고, 눈가에 촉촉이 눈물이 맺히기도 했다. 강의장에 있는 사람들이 하나가 되면서 강하게 몰입했다. 그 뜨거운 열기가 앞에서 강의하는 나에게도 전해져 심장박동이 빨라지고 온몸이 뜨거워졌다. 마침내 강의가 끝나자 참가자들은 감격에 찬

표정으로 기립박수를 보냈다. 새벽 5시 강의가 끝난 뒤의 모습이라고는 상상할 수 없는, 나조차도 놀라운 광경이었다. 세미나를 모두 마치고 진행된 설문조사에서 나는 강사 16명 가운데 가장 기억에 남는 강사 1위에 선정되었다.

그 녀석은 바로 그날 그 자리에 있었고, 강의가 끝나자마자 나에게 들이댄 것이다. 경기도에 있는 D대학교 물리학과 3학년 류광현을 그렇게 만났다. 광현이는 그 뒤 내가 강의하는 곳이면 어디든 달려왔다. 내가 경희대학교 겸임교수로 있으면서 '자기계발과 진로설계'라는 강의를 할 때도 청강하러 왔다. 경희대 학생들에게 광현이를 만난 경위와 배우고자 하는 그의 열정을 소개하니 학생들이 모두 놀라워하며 멀리서 온 그에게 뜨거운 박수를 보냈다.

## 토익 점수도 명문대 졸업장도 없이 정성으로 들이대다

그렇게 열심히 DID를 배우고 연습한 광현이는 4학년이 되자 취업전선에 뛰어들었다. 어느 날, 녀석은 내게 꼭 들어가고 싶은 회사가 있는데 직원을 모집하지 않아서 걱정이라고 했다. 나는 열 쪽짜리 자기소개서 샘플을 보내며 동종업계의 다른 회사라도 지원 연습을 해보라고 했다. 그런데 한 달 뒤 녀석에게서 이메일이 왔다. 자기가 그토록 가고 싶어하던 회사의 부회장님과 최종 면접을 보게 됐다는 것이다. 녀석이 그동안 어떻게 했는지를 들려주었는데 DID 마스터인 나조차도 놀랄 정도였다.

그 회사에서 도무지 채용 공고를 내지 않자 광현이는 회사를 직접 찾아가기로 마음먹었다. 그리고 그는 두 가지를 준비했다. 한 가지는 자신의 열정과 가능성을 가장 잘 표현한 자기소개서였다. 또 한 가지는 그동안 자신이 읽은 책 100권의 독후감이었다. 그는 우선 자기소개서에 자신이 경험한 것과 활동한 것을 주제별로 정성 들여 정리했다. 관련 사진도 넣고 도표와 구체적인 사례도 일목요연하게 제시했다. A4용지 열 쪽 분량의 자기소개서가 완성되었다. 글을 보면 누구나 그가 얼마나 최선을 다해서 열정적으로 살아왔는지 알 수 있었다. 한편 독후감에는 책을 읽고 느낀 점, 감명을 준 문장, 내용 분석 등을 담았다. 경제·경영, 자기계발, 인문·고전 등 다양한 분야의 독후감이 정리되어 있었다. 독후감만 보아도 그의 사고력과 분석력, 기획력 등을 가늠할 수 있었다. 그는 이렇게 두 가지 무기를 준비한 뒤 회사에 직접 찾아가 영업부장을 만나려고 했다.

그런데 영업부장은 자리에 없었다. 약속하고 간 것이 아니니 어쩔 수 없었다. 그는 준비해간 자기소개서와 독후감을 영업부장의 책상에 올려놓고 돌아왔다. 다음 날 영업부장에게서 전화가 왔다.

"두고 간 자료 잘 보았습니다."

광현이는 10여 분 전화 면접을 치렀다. 전화 면접을 마무리하면서 영업부장은 다시 연락하겠다고 했다. 그런데 며칠이 지나도 영업부장에게서 연락이 없었다. 보통 사람 같으면 이쯤에서 어쩔 수 없다며 마음을 접었을 것이다. 그런데 녀석은 더욱 놀라운 일을 시도했다. 그

회사에서 자신이 펼칠 포부와 마케팅 아이디어를 담은 프레젠테이션을 만든 것이다. 그리고 그 영상을 영업부장에게 택배로 보냈다.

바로 다음 날 영업부장에게서 다시 전화가 왔다.

"보내준 영상을 보고 무척 놀랐습니다. 부서 직원들에게도 보여줬어요."

영업부장은 며칠 뒤 호텔에서 기술시연회를 하는데 거기서 부회장님과 면접을 보자고 했다. 그렇게 해서 광현이는 면접을 보고 당당히 그 회사에 입사했다. 그리고 첫 월급을 탄 역사적인 날 나에게 예쁜 명함지갑을 선물해주었다.

광현이는 토익 점수도 없었고 이른바 명문대 출신도 아니었다. 하지만 자신이 원하는 회사에 당당히 들어갔다. 광현이가 취업에 성공한 진짜 원동력은 무엇일까? 무작정 들이댔더니 된 것일까? 그렇지 않다. 이 놀라운 이야기의 중심에는 사람의 마음을 움직인 '정성'이라는 키워드가 있다. 신입사원이 필요하지 않은데도 경영자의 마음을 움직여 꼭 필요한 인재라고 생각하게 만든 것은 바로 광현이의 '정성'이었다.

## '정성'은 사람의 마음을, 하늘의 마음을 움직인다

솔로몬은 꿈을 이루려고 제사를 천 번이나 드렸다고 한다. 말이 천 번이지 신에게 드리는 제사는 준비해야 할 것과 갖춰야 할 격식이 너무 많아 보통 사람은 한 번 치르기도 엄두가 안 난다. 그런데 솔로몬은 정성을 다해 제사를 천 번 지냈다. 정성에 감동한 신은 솔로몬의 소원을 들어주었고, 그는 세상에서 가장 지혜로운 왕이 되었다. 이렇게 정성은 하늘의 마음도 움직이는데 사람의 마음쯤이야 정성을 다하면 반드시 움직이게 되어 있다.

  나는 전국 각지의 대학에서 강의를 한다. 지방대학 학생들은 대부분 자신이 명문대생이 아니어서 취업하기 어렵고 인생이 고달프다고 한다. 그 마음은 충분히 이해하지만 한편으로는 안타깝다. 똑같은 조건에서 정성을 다함으로써 꿈을 이루려고 한 발씩 다가서는 학생들도 많이 만났기 때문이다.

  나는 힘들고 아픈 상황에서 어떻게 하는가?
  진정 내가 할 수 있는 모든 '정성'을 다하는가?

  간절히 바라고 소망해도 이뤄지지 않는다면 거기에는 두 가지 의미가 있다. 하나는 그게 진짜로 내가 가야 할 길이 아니라서 전 우주가 나를 막아서는 것이다. 내가 가야 할 길이 아니면 이뤄지지 않는다. 또 하나는 간절히 소망하고 가야 할 길인데도 잘 이뤄지지 않는다면 그것은 정성이 부족하기 때문이다. 나는 목표를 이루려고 최선을 다했다고 하지만 목표 쪽에서 볼 때는 정성이 부족한 것이다.

  이제 아픈 마음을 안고 힘들어하지만 말자. 나에게 없는 것들만 생각하며 주저앉지 말자. 한 발을 떼어놓고 두 발을 떼어놓자. 내 마음을 담고 정성을 다해 앞으로 한 발씩 내디뎌보자. 아파하고 원망하며 그대로 있어 봐야 변하는 것은 아무것도 없다. 안 될 거라고 지레 겁먹지 말자. 정성을 다해 모든 노력을 기울인다면 반드시 변화가 있다. 힘든 것이지 불가능한 것이 아니다. 첫 번째 변화를 느끼기 전까지가 힘들 뿐이다. 정성을 다해 걸어가 첫 번째 작은 변화를 보는 순간 깨닫게 될 것이다.

'아, 이래서 되는 거구나! 나도 하니까 되는구나!'

모든 돈과 기회는 사람에게서 온다. 사람은 마음에 따라 행동한다. 사람의 마음은 정성으로 움직인다. 그리하여 정성은 직원도 모집하지 않는 회사에 입사하게 하는 힘이 된다.

> 정성은 직원 모집도 하지 않는
> 회사에 입사하게 하는 힘이다.

# 사회부적응자 지호, 억대 연봉의 강사가 되다

경제가 어려워서 영업이 안 될 거라고 생각한다. 지방대를 나왔기 때문에 취직이 안 될 거라고 생각한다. 하지만 경제가 어려울 때 영업 실적을 몇 배로 끌어올린 사람도 있고, 지방대를 나와서 당당히 취업에 성공한 사례도 많다. 이 사람들에게는 경제가 어려워서 영업이 안 된다거나, 지방대 출신이어서 취업이 안 된다는 것은 팩트fact가 아니다. 우리가 당연히 그럴 거라고 생각하는 것이 반드시 사실은 아니라는 얘기다.

그렇다면 똑같은 상황이 왜 누구에게는 팩트이고 누구에게는 팩트가 아닌 비합리적인 일이 일어날까? 하늘이 무너져도 솟아날 구멍이 있다. 그런데 솟아날 구멍은 그 구멍이 어딘가에 있다는 확신을 가지고 그것을 찾는 사람에게만 보인다.

## 사회부적응자 지호, 비상을 꿈꾸다

경희대학교에서 겸임교수로 있을 때다. 여름방학에 복학생들을 위한 6시간짜리 워크숍을 진행했다. 여러 가지 이유로 휴학했던 학생들이 복학하면서 겪는 심리적 어려움을 덜어주고 학교에 잘 적응하도록 돕는 프로그램이었다.

이 프로그램에는 학생들 40여 명이 참여했다. 남학생이 60%, 여학생이 40% 정도였는데, 모두 말이 없고 표정이 너무 어두웠다. 그들의 표정에서는 대학생다운 패기와 생동감을 찾기가 어려웠다. 힘들어하는 청춘에게 활기와 생명력을 불어넣고 싶은 마음이 간절했다. 나는 작은 목소리로 조용히 강의를 시작했다. 그리고 점점 목청을 높였다.

놀랍게도 1부 두 시간 강의가 끝나자 학생들의 표정이 완전히 바뀌어 있었다. 어둡기만 하던 얼굴에서 의욕의 빛이 보이기 시작했다. 마침 점심시간이라 같이 학생식당으로 가는데, 서로 한마디도 하지 않던 학생들이 웃고 떠들며 활기차게 걸어갔다. 뒤에서 교육을 참관하던 취업진로지원처 선생님들이 깜짝 놀라 입을 다물지 못했다. 고개를 푹 숙이고 세상 고민 다 짊어진 사람처럼 맥 빠진 모습으로 앉아 있던 학생들이 강의 두 시간 만에 완전히 다른 사람으로 변했기 때문이다.

워크숍은 성공적이었다. 마지막에 학생들은 복학 후 대학생활 계획을 발표했다. 그 내용은 구체적이면서도 도전적이었다. 얼마 남지 않은 대학생활을 알차게 보내겠다는 의지가 엿보였다.

강의가 모두 끝나고 노트북을 챙기는데 한 남학생이 다가왔다. 그의 이름은 신지호. 상담을 받고 싶다고 했다. 자리를 옮겨 카페에서 두 시간가량 이야기를 나누었다.

지호는 제대한 뒤 복학했는데 그동안 대학생활을 의미 없이 보냈다고 했다. 수업도 거의 들어가지 않고 친구들이나 교수들과 교류도 하지 않아 학교에서는 사회부적응자처럼 여겨졌다고 했다. 그러다가 남은 대학생활도 이렇게 보내서는 안 되겠다는 생각에 프로그램에 참여했다고 했다. 그리고 오늘 강의를 듣고 자기 인생을 바꿀 수 있겠다는 믿음이 생겼다고 했다. 그러더니 지호는 자기 혼자서는 자신이 없다며 도움을 요청했다. 인생을 180도 변화시키도록 지속해서 멘토링을 받고 싶다고 했다.

## 달라진 지호, 수십 명의 인생을 바꾸다

그때부터 나는 지호를 위해 매주 목요일 12시에서 1시까지 DID 수업을 했다. 물론 수업료는 받지 않았다. 처음에는 지호가 룸메이트와 친구를 데리고 와서 4명이 함께 공부했다. 그러면서 각자 살아온 인생에 대해 진솔하게 이야기했는데, 그들 나름대로 마음고생을 많이 하며 힘들게 살아왔다는 것을 알 수 있었다. 우리는 이루고 싶은 꿈에 대해서도 이야기했다. 그 꿈을 어떻게 하면 이룰지 생각해보고, 그 내용을 3분 스피치로 발표하는 연습도 했다. 신문사설을 읽고 느낀 점을 발표하기도 했다.

이렇게 몇 주가 지나자 학생들은 DID 수업시간이 아니어도 자발적으로 활동하기 시작했다. 거의 매일 친구들과 술을 마시며 밤늦게까지 놀다가 다음 날 정오까지 늦잠을 자던 녀석들이 새벽에 일어나 등산을 했다. 사색의 광장에 모여 자기 생각을 광장이 떠나가라 큰 소리로 외치는 연습도 했다. 틈만 나면 도서관에서 책을 읽었다. 나는 그저 놀라웠다. 특히 지호가 변하리라고는 상상도 못했다.

전공이든 교양이든 수업시간이면 맨 뒤 구석에 앉아 멍하니 다른 생각만 하던 지호가 이제는 가장 앞자리에 앉았다. 교수님이 '발표해볼 사람?' 하고 물으면 제일 먼저 손을 번쩍 들었다. 궁금한 게 있으면 바로 질문하고 과제도 최선을 다해서 했다. 함께 공부하던 친구들이나 선후배들도 지호의 변화에 모두 놀라워했다. 하루아침에 사람이 완전히 달라졌다는 것이다.

그렇게 시간을 보내며 겨울방학이 되었다. 지호는 학교에서 주관하는 취업캠프에 참가했다. 그곳에서 또 놀라운 일이 벌어졌다. 지호는 캠프에서도 늘 제일 앞자리에 앉았고 가장 먼저 손을 들고 발표했다. 그리고 자신의 변화에 대해, DID를 만난 뒤 자기 생활이 어떻게 바뀌었는지에 대해 학생들에게 들려주었다. 학생들은 놀라워하고 열광했다. 그리고 지호에게 DID 수업에 참여할 수 있게 해달라고 부탁했다.

이렇게 해서 정규 강의도 아닌 DID 수업에 40여 명이 참여하게 되었다. 봄에는 섬으로 MT도 갔다. 학생들은 각자 할 일을 하고, 운동도 하고 게임도 하며 자신의 인생과 미래에 대해 진지하게 대화했다. 같은 시기에 같은 학교를 다녔지만 살아온 과정은 저마다 달랐다. 누구 하나 아픔과 어려움이 없는 학생이 없었다. 그런 이야기를 진솔하게 나누면서 서로서로 위로했다. 다가올 미래에 대한 열정을 되살리고 꿈을 나누었다. 지호 한 사람의 변화가 학생들 수십 명의 변화로 이어진 것이다.

## 10점 만점에 10점 받는 DID 수학강사 되다

그렇게 시간이 지나고 지호도 취업해야 할 때가 되었다. 지호는 여러 가지 길을 놓고 고민했다. 다른 학생들처럼 대기업에 들어가 안정적으로 일할지 중소기업에 들어가 나중의 사업에 필요한 업무를 배울지 고민하던 지호는 뜻밖의 선택을 했다. 강사가 되겠다는 것이었다.

언젠가 나는 직업에 대해 이야기하면서 《스타 강사로 10억 벌기》라는 책을 소개한 적이 있다. 지호는 머릿속에서 그 책이 떠나지 않았다고 했다. 지호는 그때 아르바이트로 과외를 하고 있었다. 주로 중·고등학생들에게 수학을 가르쳤는데, 아이들이 성적이 많이 오르고 무엇보다 생활태도가 진중해져서 아이 부모들이 아주 좋아했다. 그는 과외 학생을 처음 만나면 공부를 먼저 하는 것이 아니라 자기가 살아온 과정을 들려주며 꿈과 미래에 대해 이야기했다. 그리고 학생이 무엇을 고민하는지 듣고 공감을 나누었다. 진도도 학생 수준에 맞게 철저히 준비해서 정성을 다해 가르쳤다. 보통 한 달이면 학생의 태도가 변하고, 3개월이면 학생의 성적이 쑥 올라간다고 했다. 지호는 이런 경험을 바탕으로 수학강사가 되면 좋겠다고 생각했다. 그리고 10년 안에 반드시 10억 원을 버는 강사가 되겠다고 결심했다.

지호가 강사가 되려고 접근하는 방식은 보통 사람들과 달랐다. 우선 자신의 강의에 이름을 붙였다. 당연히 그 이름은 'DID 수학'이었다. 지호는 학생들에게 수학이 아무리 어려워 보여도 차근차근 들이대면 반드시 잘할 수 있다는 확신을 심어주었다.

게다가 지호는 중·고등학생이 좋아할 만한 방법으로 가르치려고 노력했다. 그는 강의를 시작하면서 랩을 하고 춤을 췄다. 수학도 얼마든지 재미있게 할 수 있다는 것을 몸으로 보여준 것이다. 랩의 가사 한 마디 한 마디를 학생들 입장에서 만들었다. 지금은 수학이 어려워 보이고 실력도 부족하지만 노력하면 할 수 있다는 내용으로 가사를 만들어 음악과 함께 춤을 추며 메시지를 전달했다. 수학의 원리와 핵심을 쉽게 이해할 수 있는 설명 방식을 찾아내려고 밤을 지새우며 각종 자료를 비교·검토했다. 정말 정성을 다해 강의 콘텐츠를 준비했다. 이렇게 1년여 동안 수원 지역의 한 학원에서 강사 경험을 쌓은 뒤 바로 동영상 강의에 도전했다.

보통 입시 과목으로 동영상 강의를 하려면 적어도 10년 이상 경력을 쌓고 오프라인 학원에서 어느 정도 명성을 얻어야 한다. 하지만 지호는 다른 사람들이 10년 걸려 한 일을 1년 만에 하려고 치열하게 준비했다. 그는 동영상 강의업체를 찾아갔다. 그리고 자기가 하는 강의의 내용과 스타일이 얼마나 독특하고 학생 중심적인지 보여주었다. 업체 관계자들은 시강을 보기도 전에 그의 눈빛과 표정에서 나오는 진정성과 열정에 감동을 받았다. 그래서 그 자리에서 동영상 강의 촬영이 결정되었다. 이제 막 강의를 시작한 초짜 강사에게 엄청난 기회를 준 것이다.

지호는 손짓 하나, 말투 하나까지 세세히 정성을 들여 준비했다. 때론 슈퍼맨 복장을 하고 강의하고, 때론 노란 가발을 쓰고 강의했다. 목표는 오직 하나, 수학을 재미있게 정복하겠다는 확신을 학생들에게 심어주는 것이었다.

동영상 강의 세계는 냉정하다. 강의를 듣는 학생들이 바로 강의에 평점을 매기기 때문이다. 평점이 낮은 강사는 강의를 신청하는 학생이 줄어드는데, 그러면 바로 퇴출당한다. 지호의 'DID 수학' 강의는 시간이 갈수록 인기를 끌었고 높은 평점을 받았다. 3개월이 지난 시점에 드디어 10점 만점에 10점이 나왔다.

## 노숙자도 천만 달러짜리 배우로 만든 정성

지호는 수학만 가르치는 것이 아니라 인생을 이야기했다. 어떤 마음가짐으로, 어떤 태도로 살아야 하는지를 말이다. 그리고 그것을 자기 이미지와 표정과 언어로 직접 보여 주었다. 학생들은 지호를 통해 수학만 배우는 것이 아니라 자존감을 회복하고 자신감을 갖게 된다. 이런 과정을 거치면 수학 점수도 올라간다. 지호는 강사에 입문한 지 2년도 되지 않아 억대 연봉 강사의 반열에 올랐다. 강의업계에서는 지호에게 돌연변이라고 했다. 놀라운 것은 그 사람이 얼마 전까지만 해도 사회부적응자처럼 살았다는 것이다.

서울역에 가보면 안타깝게도 노숙자들이 많이 있다. 길거리에 아무렇게나 누워 있는 노숙자를 보면서 아무도 저 사람이 나중에 안성기 씨나 박중훈 씨 같은 명배우가 될 거라고는 생각하지 못한다. 우리의 상식과 논리로는 그런 일이 있을 수 없기 때문이다. 하지만 논리는 팩트가 아니다.

짐 캐리가 바로 그러한 노숙자였다. 길거리에서 신문지를 덮고 지내던 그는 어느 날 할리우드가 보이는 언덕에 올라가 자기는 반드시 1,000만 달러를 받는 배우가 될 거라고 결심하고 자기 자신에게 자기가 만든 1,000만 달러짜리 수표를 증정했다. 그러고는 관객들의 폭소를 끌어내는 표정 연기를 하려고 수없이 연습했다. 다른 배우들과는 차원이 다른 연기를 하려고 온갖 정성을 다했다. 그는 이제 영화 한 편 찍는 데 1,000만 달러를 받는다. 실제 1,000만 달러짜리 배우가 된 것이다. 그의 노력이, 저 가슴 밑바닥의 절박함에서 나오는 정성이 마침내 꿈을 이뤄준 것이다.

지호가 사회부적응자에서 억대 연봉을 받는 강사가 된 것 또한 변신하려고 심장 깊은 곳에서부터 정성을 들였기 때문이다. 정성은 노숙자를 1,000만 달러짜리 배우로 변신하게 하는 마법의 주문이다. 정성이야말로 사회부적응자를 억대 연봉을 받는 강사로 만드는 신비로운 주문이다.

> 정성이야말로
> 사회부적응자를 억대 연봉을 받는
> 강사로 만드는 신비로운 주문이다.

# 뭐?
# 야채 팔아서
# 수백억을 번다고?

　　　　　　　　　　사람들을 만나다 보면 깜짝 놀랄 때가 있다. 내가 보기에는 정말 절박한 상황인데 본인은 전혀 절박하지 않기 때문이다. 저렇게 해서는 도저히 더 잘되기 어려워 보이는데 정작 자신은 그렇게 하다 보면 언젠가는 될 거라는 막연한 희망을 품고 있다. 게다가 자신이 긍정적인 태도를 갖고 있기 때문에 꼭 성공할 거라고 생각한다. 긍정적인 태도가 잘못된 것은 아니다. 그러나 절박함이 없는 긍정적인 태도, 간절한 노력이 빠진 긍정적인 태도는 예상과 다른 결과를 가져올 뿐이다.

　그들은 적당한 수준에서 열심히 한다. 한 달에 책 한두 권을 읽으면서 스스로 뿌듯해하고, 계획표에 몇 가지 우선순위 목록을 적어놓고 한 가지가 끝나면 X 표시를 하며 만족해한다. 열심히 사는 모습을 흉내 낸다고 해서 원하는 것이 이루어지는 것은 아니다. Best의 반대 말은 Worst가 아니라 Good이다. 자기 모습이 Good이라고 생각하는 사람은 스스로 만족하며 더 높은 차원의 노력은 하지 않는다. Good 과 비교도 되지 않는 Best의 차원에 도전하지 않는 것이다. 그리고 막연히 언젠가 자신도 Best가 될 거라는 공상에 젖어 있다. 공상은 그저 공상으로, 상상으로, 환상으로, 헛된 망상으로 끝날 뿐이다. 절박함이 없으면 그만큼 삶에 정성을 다하지 않는다. 절박함은 인생에 대한 정성이다.

## 최고의 상품과 더불어
## 희망과 즐거움도 파는 야채가게

대학에서 명사 특강이나 취업 특강 의뢰가 많이 들어온다. 강의가 끝나면 적극적인 학생들은 문자나 이메일을 보내기도 하고 직접 찾아오기도 한다. 그렇게 학생들과 따로 만나 대화하다 보면 자신이 선택하고 싶은 직업에 대한 현실적인 정보가 매우 부족하고, 잘못 아는 경우도 많다는 것을 알게 된다.

그래서 기획하게 된 것이 '잡 투어' 프로그램이다. 대학생들이 직업 현장을 방문해 현장을 직접 보고 현장의 소리를 들으며 몸으로 체험하도록 하는 것이다. 문제는 '어디를 방문할 것인가?'였다. 일반적인 곳보다는 학생들에게 깊은 울림을 줄 곳이어야 했다.

그러던 중 오종철 MC가 진행하는 〈EBS 라디오 직장인 성공시대〉라는 프로그램의 특강을 듣게 되었다. 별 생각 없이 라디오를 듣다가 화들짝 놀랐다. 강의하는 분의 목소리가 어찌나 쩌렁쩌렁한지 라디오 방송인데도 바로 앞에서 내 귀에다 대고 소리치는 것 같았다. 귀를 기울여 들어 보니 내용도 대단했다. '바로 저 사람이야!' 하는 생각이 들었다.

그가 '총각네 야채가게' 이영석 사장이었다. 다음 날 바로 총각네 야채가게에 전화를 걸었다. 그리고 교육담당자에게 '잡 투어' 프로그램에 대해 설명하고 협조를 부탁했다. 기업으로서는 이런 프로그램이 귀찮을 수도 있었다. 돈이 되는 일도 아닐뿐더러 시간을 내서 견학을 시키고 설명을 하려면 여러 사람이 수고를 해야 했다. 담당자는 대표이사에게 보고를 드려보겠다고 하더니 금방 연락을 했다. 대표이사가 흔쾌히 허락하며 대학생들에게 좋은 시간이 되도록 적극적으로 도와주라고 했다 한다. 그렇게 해서 '잡 투어' 프로그램의 첫 번째 방문 기업으로 총각네 야채가게를 가게 되었다.

총각네 야채가게 대치 본점을 처음 보았을 때의 충격은 지금도 남아 있다. 매장에 도착하기 몇 백 미터 전부터 시끌시끌한 고함이 들렸다. 아니나 다를까, 그곳이 총각네 야채가게였다. 젊은 청년들이 싱글벙글 웃으면서 큰 소리로 무엇이라고 열심히 외쳤다. 한 청년은 저 멀리서 아주머니 한 분이 걸어오니까 "이모, 여기예요!" 하고 소리쳤다. 아주머니는 가게에 도착하자 청년의 손을 잡으며 "어이구, 그렇게 반가워" 하며 인사를 했다.

매장에는 손님들이 많았는데 손님들과 매장 직원들이 마치 가족처럼 친하게 대화를 나누며 과일을 골랐다. 매장은 그리 커 보이지 않았지만 깔끔하게 잘 정돈되어 있었고 과일의 종류도 상당히 많았다. '저렇게 많은 것을 다 팔 수 있을까?' 하는 생각이 들었다.

　교육담당자는 학생들을 매장 인근의 교육장으로 안내한 뒤 총각네 야채가게에 대해 브리핑했다. 그런데 브리핑을 시작하는 순간 모두 깜짝 놀랐다. 그의 목소리가 얼마나 큰지 고막이 찢어질 것 같았다. 그는 두 시간 가까이 브리핑하는 내내 목청 높여 말했다. 저렇게 계속하다가는 목이 남아날 것 같지 않아 쉬는 시간에 작은 소리로 해도 괜찮을 것 같다고 말했다. 하지만 담당자는 총각네 야채가게에서 영업시간 내내 이렇게 하기 때문에 괜찮다고 했다.

　매장을 직접 보고 브리핑을 들은 학생들의 표정은 사뭇 진지했다. 과일과 야채를 판매해서 수백억의 매출을 올린다는 말을 듣고는 입을 다물지 못했다. 이것이 인연이 되어 총각네 야채가게 이영석 사장을 직접 만났다. 처음 만났을 때 그는 다소 거칠어 보였다. 목소리도 시끄러웠다. 하지만 그의 눈은 정확히 초점을 향해 이글거렸다. 그는 자신이 무엇을 원하는지 알았고, 그것을 어떻게 얻어야 하는지도 알았다.

## 총각네 야채가게
## CEO 이영석의 힘

　나는 총각네 야채가게 CEO에게 지금

의 그, 이영석이 있게 한 힘이 무엇이냐고 물었다. 그는 '절박함'이라고 했다. 그는 야채장사를 시작한 뒤로는 매일 새벽 1시 15분이면 일어난다고 했다. 매일 새벽 그렇게 일찍 일어나기는 결코 쉬운 일이 아니다. 하지만 보통 새벽 2시에 경매가 시작되기 때문에 2시 전에 경매장에 도착해서 기다려야 한다. 그는 매일 알람시계를 5개 맞춰놓고 잠자리에 든다. 시계가 하나씩 울릴 때마다 '정말 이렇게까지 해야 하나' 하지만, 마지막 시계가 울리면 '오늘이 정말 마지막이다' 하고 일어난다. 벌써 15년째 그렇게 새벽에 일어난다.

그는 처음에는 장사 노하우를 배우려고 오징어 행상을 스승으로 모시고 다녔다. 좋은 물건 고르는 법을 배우려고 월급을 주지 않아도 좋으니 일만 가르쳐달라고 졸라서 따라다녔다. 스승이 새벽 1시에 나오면 11시에 나와서 차도 닦아놓고 히터도 켜놓고 기다렸다. 그리고 온 마음을 다해 정성으로 장사를 했다. 결국 오징어 트럭 행상에서 하루 200만 원의 매출을 올리게 됐다. 그 덕분에 스승은 차도 사고 집도 샀다.

그는 오징어 행상뿐 아니라 본받을 점이 있는 사람, 멘토를 알게 되면 반드시 직접 만나 그들의 이야기를 경청했다. 책에서 배우는 것도 좋지만 사람에게서 직접 배우는 것이 가장 좋다고 생각했기 때문이다. 지금도 그는 여전히 멘토가 되겠다 싶으면 직접 찾아가 만난다. 그럴 때면 그는 언제나 정장을 잘 갖춰 입는다. "안녕하세요. 이영석입니다. 제가 오래전부터 뵙고 싶어서 이렇게 찾아왔습니다." 이렇게 정중하게 인사를 하고 대화할 때도 바른 자세로 집중하면서 수첩에 메모한다. 그리고 헤어진 지 30분 안에 감사의 문자를 보낸다. 사무실에 와서는 명함에 있는 전자우편으로 감사 메일을 보낸다. 이렇게 계속 감사를 연발하니 누구도 그를 만난 시간을 아까워하지 않았다.

한번은 그에게 DID 동아리 학생들의 총각네 야채가게 일일체험을 부탁했다. 매장 문을 열 때부터 마감할 때까지 온종일 학생들이 직원들과 함께 장사하는 것이었다. 설명만 듣기보다는 한 번이라도 직접 해보는 것이 학생들에게 도움이 될 거라고 판단해서였다. 이영석 사장은 흔쾌히 허락했다. 자신도 어려운 생활을 극복해왔기에 청년들에게 늘 도움을 주고 싶어했다.

야채가게에 온 학생들은 상당히 긴장한 듯했다. 교실에 앉아서 강의만 듣다가 매장에서 손님들에게 야채와 과일을 파는 것은 결코 만만한 일이 아니었다. 이영석 사장은 직접 승합차에 학생들을 태워 각 매장에 내려주고 등을 두드려주었다. 계속 자기 경험담을 들려주며 학생들에게 용기를 심어주었다. 그 덕분이었을까, 학생들은 의외로 매장 분위기에 잘 적응했다. 선배들을 흉내 내며 목이 터져라 "멋지고 잘생긴 과일 사세요!"라고 외쳐 대는 모습이 제법이었다.

그러나 하루 장사가 거의 끝날 무렵 힘겨운 과제가 주어졌다. '남은 과일을 길거리로 나가서 모두 파는 것'이 그것이었다. 그날 재고는 그날 모두 처리하는 것이 총각네 야채가게의 원칙이었다. 학생들은 둘씩 짝지어 과일을 들고 거리로 나섰다. 지나가는 아주머니를 붙들고 "어머니, 이거 다 못 팔면 저희 집에 못 가요" 하며 사정하기도 하고, "요거 최상품 최고가인데 특별히 싸게 드릴게요. 꼭 사가세요!" 하며 수완을 부리기도 했다. 결국 학생들은 남은 과일을 모두 팔았다. 가장 어려운 숙제라고 생각했던 떨이판매에 성공한 학생들은 마치 큰 전쟁에서 승리하고 돌아오는 개선장군처럼 어깨를 으쓱대며 매장으로 돌아왔다.

　DID 실습이 끝난 뒤 이영석 사장은 학생들을 빵집으로 초대했다. 그리고 학생들에게 따뜻한 차와 맛좋은 빵을 사주며 체험 소감을 묻기도 하고 인생과 꿈, 성공에 대한 생각을 진솔하게 들려주었다. 거칠고 쩌렁쩌렁한 그의 목소리가 그럴 때는 자상하고 듬직한 삼촌의 목소리처럼 느껴졌다. 학생 한 사람 한 사람에게 정성을 다하는 그를 보며 '저렇게 하니 손님의 마음을 얻을 수밖에 없겠구나' 하는 생각이 들었다.

　리어카나 트럭에서 과일 파는 일을 하찮게 생각하기 쉽다. 그러나 이 세상에 하찮은 일은 없다. 그 일을 하는 사람이 또는 그 일을 바라보는 사람이 그렇게 생각하는 것뿐이다. 일은 그 일을 대하는 사람이 어떻게 하느냐에 따라 하찮아지기도 하고 귀해지기도 한다. 총각네 야채가게는 트럭 행상에서 시작해 수백억의 매출을 올리는 탄탄한 기업이 되었다. 어떤 이는 흔한 떡볶이를 팔아 천억 원대 회사를 만들었다. 어떤 기업은 건물 청소를 해주면서 수십억의 매출을 올리고 있다. 왜 어떤 일이 누구에게는 하찮은 일이 되고 누구에게는 엄청난 사업 아이템이 될까? 그 차이는 어디에서 올까?

　자기 일에 정성을 다하는 사람, 자기 분야에서 최고를 구현하고자 하는 사람에게는 그 일의 가능성이 보인다. 정성을 다하지 않는 사람이 하루에 10만 원어치를 팔면 많이 팔았다고 생각할 때, 정성을 다하는 사람은 똑같은 아이템으로 하루에 200만 원어치를 파는 방법을 안다. 어떻게 그럴 수 있느냐고? 정성을 다하면 틀림없이 그 방법이 보인다.

  나는 외식업체에 있으면서 하루 8만 원이던 매출을 800만 원까지 올려본 적이 있다. 그 방법이 대단히 특별한 것은 아니었다. 사람들이 꼭 사고 싶게 하는 작은 아이디어를 생각해냈을 뿐이다. 정성을 다하는 사람에게는 그 작은 아이디어가 떠오르고 사람의 마음을 움직이는 방법이 보인다. 아직 그 방법이 보이지 않는다면 정성이 부족한 것이다. 정성은 하찮게 볼 수도 있는 과일 장사를 수백억 명품 기업으로 만드는, 작지만 가장 확실한 경영전략이다.

> 정성은 수백억 명품 기업을 만드는 작지만 가장 확실한 경영전략이다.

# 외식업계의
# 진주가 된
# 보일러 수리공

　　　　　　2008년 11월 23일 수요일 오후 4시, 지금은 없어진 여의도 전경련회관 대강당 안에서 한 젊은이가 마이크를 잡았다. 강의를 들으러 온 430명이 의자가 모자라 보조의자에도 앉아 있었다. 860개의 눈빛이 그를 향해 집중됐다.

"저는 10년 안에 우리 매장을 세계 최고의 조개구이 전문점으로 만들 것입니다."

"저는 우리 젊은 청년들이 자기 꿈에 도전할 수 있는 일터를 만들 것입니다."

"저는 화목하고 사랑이 넘치는 가정을 최우선으로 생각하며 살아갈 것입니다."

목소리는 떨렸지만 눈빛은 확고부동했다. 대강당의 지붕이 들썩일

정도로 우레와 같은 박수가 울려 퍼졌다. 내가 태어나서 처음으로 대중을 상대로 대규모 세미나를 하는 장소에서 있었던 일이다. 강의를 마치고 자기 비전을 발표할 사람은 손을 들어보라고 했을 때 제일 먼저 손을 들고 발표한 청년, 그는 확고하면서도 아름다운 포부를 가지고 있었다. 그리고 4년이 지난 2012년 11월, 그는 세계 최고의 조개구이 전문점으로 성장할 토대 위에 우뚝 서 있었다. 바로 그가 외국 관광객들까지 수소문해서 찾아오는 조개구이 전문점 '갯벌의 진주' 해피 이상현 사장이다.

## 자그마한 조개구이 집, 4년 만에 4호점까지 내다

4년 전 그의 매장은 강남 영동시장 먹자골목에 있는 20평 남짓한 자그마한 조개구이 집에 불과했다. 그러나 현재 그는 직원 60여 명을 고용해 4개 직영점을 운영하는 사장님이 되었다. 영동시장 먹자골목은 우리나라 외식업계에서 가장 경쟁이 치열한 전쟁터로 여겨진다. 이곳은 유동인구가 많고 외식상권이 형성돼 있어 가게만 열면 잘될 것 같지만 실제는 그렇지 않다. 이미 그곳에 오는 손님들은 최고의 맛과 개성 있는 서비스에 익숙하다. 평범한 맛과 서비스로 승부해서는 빚만 남기고 골목을 떠나기 십상이다. 그래서 수많은 사람이 상권만 보고 영동시장 먹자골목에 식당을 열었다가 두 달도 채우지 못하고 문을 닫았다. 그런 전쟁터에서 이상현 사장이 4호점까지 문을 여는 토대를 만들었다는 것은 대단한 일이고, 고객이 그곳을 인정했다는 뜻이다.

2008년 여름, 아는 분의 소개로 20평짜리 '갯벌의 진주' 매장에서 이상현 사장을 처음 만났다. 자그마한 매장에 들어서는 순간 입을 다물 수 없었다. 손님이 미어터질 듯 꽉 차 있었고 밖에서는 손님들이 줄을 서서 차례가 되기를 기다렸다. 매장 분위기가 독특했다. 사방 벽과 천장에 각종 글귀와 사진이 붙어 있었다. 글귀는 촌철살인의 재밌는 내용들이었다.

'갯벌의 진주 3대 셀프: 부킹, 파킹, 워러'

더 놀라운 것은 전신누드에 가까운 근육질 남성의 사진들이 벽에 붙어 있다는 점이었다. 남성은 수족관에 들어가 미소를 짓거나 가위와 집게를 들고 근육을 자랑하는 포즈를 취했다. 누구냐고 물었더니 그가 바로 이상현 사장이라고 했다.

직원들은 모두 군복을 입고 가슴에는 별명이 적힌 큼지막한 이름표를 달았다. 그 이름 가운데는 태양도 있었고 티파니도 있었다. 태양이든 티파니든 싸이든 그들은 손님이 들어오면 다 같이 한목소리로 매장이 떠나가라 소리치며 환영했다.

"감사합니다! 열심히 하겠습니다!"

기차 화통처럼 쩌렁쩌렁한 그들의 목소리와 보는 이의 경계심을 내려놓게 만드는 함박웃음 그리고 활기에 넘치는 강렬한 에너지는 손님의 마음을 단박에 사로잡기에 충분했다. 식당이 성공하려면 맛, 서비스, 청결, 마케팅, 직원관리 등 여러 요소가 잘 갖춰져야 한다.

하지만 외식업을 잘 아는 전문가들에게 그 모든 것을 통틀어 단 한마디로 표현하라면 그것은 바로 '기'라고 한다. 어느 매장이든 그곳에 들어서는 순간 단번에 느껴지는 '기'가 바로 그 매장의 운명을 결정짓는다는 것이다. 나는 '갯벌의 진주'에 처음 들어서는 순간 말로 표현할 수 없는 '기'를 느꼈다. 직원들의 생동감과 자신감, 그리고 파안대소하는 손님들을 보며, 이곳은 잘될 수밖에 없다는 생각이 들었다. 이후 중요한 손님들에게 대접할 일이 있으면 꼭 '갯벌의 진주'에 모시고 간다.

## 벽돌을 나르는 막노동에도 정성을 다하다

해피 이상현 사장은 공고를 졸업했다. 그리고 곧바로 철판 절단과 용접 일을 2년 정도 했고, 이후 3년은 공사장에서 이른바 '노가다'를 했다. 그 뒤에는 에어컨 수리와 중고 고물을 거래하는 업체에서 6년가량 일했다. 남들이 볼 때는 참 보잘것없는 일들을 했다. 그러나 일하는 사람이 그 일의 가치를 결정하기 때문에 세상에 보잘것없는 일이란 없다.

이 사장은 막노동을 하면서 벽돌을 나를 때도 정성을 다했다. 벽돌을 한 장이라도 더 많이 나르려고 등에 벽돌을 질 때 허리를 깊숙이 숙였다. 자기 일이 먼저 끝나면 나이가 많은 선배들의 일까지 대신했다. 그들이 힘들어하면 함께 막걸리를 마시며 위로하고 격려했다.

그렇게 몇 개월이 지나자 일꾼을 관리하는 반장이 그에게 일 진행과 관련된 중요한 사안을 상의하기 시작했다. 시급을 대폭 올려주며 함께 일하자고 했다.

그는 어떤 일을 하든 일 자체를 부끄러워하거나 대충 하지 않았다. 함께 일하는 사람들이 배우지 못했고 성격이 괴팍해도 그들을 비웃거나 함부로 하지 않았다. 자기가 하는 일에 최선을 다하고 곁에 있는 사람들에게도 정성을 다했다. 에어컨 수리업체에서 일할 때는 나이트클럽 같은 곳에서 새벽에 수리 요청 전화를 해와도 언제든 달려갔다.

가정집에 수리하러 갈 때는 늘 새 양말을 가지고 가서 집안에 들어서기 전에 갈아 신었다. 발 냄새가 나서 고객이 불쾌해할까 봐서다. 육체노동을 하느라 항상 땀이 났지만 퀴퀴한 냄새가 나지 않도록 늘 신경 썼다. 만나는 사람들에겐 늘 먼저 환하게 웃으며 인사했다.

이렇게 성실하게 일하다 보니 거래처의 신뢰가 높아지면서 해프닝도 벌어졌다. 어느 날부터인가 큰 빌딩을 여러 채 갖고 있는 거래처 사장이 계속 그의 주변을 맴돌았다. 자기 건물의 기계를 성실하게 관리하는 모습에 반해 사위를 삼고 싶었던 것이다. 그 사장은 시간이 날 때마다 벤츠를 타고 찾아와서 차 한잔하자고 청했고, 나중에는 그 사장의 가족까지 여럿 다녀갔다. 한참 지나서야 그 이유를 알게 된 이 사장은 그분에게 "저 결혼했습니다"라고 말했다.

그렇게 일하다가 조개구이 집을 개업한 고객을 만나 그 집에 각종 집기류를 납품하게 되었다. 운명은 우연을 가장해 찾아온다고 했던

가. 조개구이 집에 왔다 갔다 하면서 납품하다 보니 자꾸만 관심이 그쪽으로 갔다. 그리고 꼭 조개구이 매장을 열고 싶다는 생각이 들었다. 마침내 다니던 회사 사장에게 꿈을 이야기하고 세계 최고의 조개구이 집을 향해 첫걸음을 내디뎠다.

그가 처음 한 일은 그 조개구이 집에 가서 일을 도와주며 조개구이 판매와 관련된 상식을 배우는 것이었다. 월급은 받지 않았다. 청소를 하고 설거지를 하고 서빙을 했다. 조개구이 판매의 흐름을 어느 정도 파악한 다음에는 당시 조개구이 집 가운데 제일 잘나간다는 매장을 찾았다. 그곳에서 이 사장은 아내와 함께 6개월 동안 일했다. 물론 이때도 돈은 받지 않았다. 부부는 가장 먼저 출근하고 가장 늦게 퇴근했다. 남들이 하기 싫어하는 일을 도맡아 했다. 내 매장은 아니었지만 정성을 다해 일하면서 그 집이 잘되는 이유를 파악하고 숙지했다.

그렇게 모든 준비를 마친 이 사장은 신림동에 테이블 6개가 들어가는 작은 매장을 차렸다. 하지만 직원으로 일하는 것과 사장으로 매장을 운영하는 것은 전혀 달랐다. 식당을 할 때 어디서 어떤 허가를 받아야 하는지, 어떤 자격을 갖추어야 하는지, 거래처는 어떻게 선정하고 관리해야 하는지 몰랐다. 음식을 만들고 매장을 관리하며 고객을 상대하는 일에만 관심을 가졌지 식당 운영에 필요한 법규와 관련 업체 정보는 미처 챙기지 못한 것이다. 결국 하나하나 시행착오를 거치며 배워나갔다.

그런데 문제가 있었다. 창업자금이 예산을 초과한 것이다. 그때 감사하게도 옛날 공사장에서 함께 막노동을 했던 분들이 돈도 받지 않고 미장을 해주고, 배관을 해주고, 인테리어까지 무상으로 해주고, 각종 집기와 비품도 후원해주었다. 그래서 이 사장은 거의 돈을 들이지 않고 매장을 열 수 있었다. 순간순간 사람들에게 정성을 다한 것이 훗날 예상치 못한 순간에 도움이 된 것이다.

## 전 세계 최고가 될
## 토대를 마련하다

이 사장은 조개구이 매장을 운영하면서 무엇보다 직원들에게 마음을 다했다. 갯벌의 진주를 통해 자신과 같이 힘들어하는 사람들에게 희망을 주고 싶었다. 그는 직원들을 '식구'들이라고 불렀다. 자기 매장에 일하러 오는 '식구'들은 대개 여러 가지 어려운 상황에 놓여 있으니 그들의 꿈을 이루는 데 자신이 도움이 되길 소원했다.

보통 식당이 직원들에게 숙소를 제공할 때는 잠만 자는 곳으로 여겨 비용이 가장 덜 드는 곳을 선택한다. 하지만 그는 '식구'들이 편안히 쉬도록 돈이 많이 들더라도 깨끗하고 쾌적한 집으로 골랐다. 그들이 먹는 음식에도 각별히 신경 썼다. 직원 음식을 전담하는 사람을 두어 최대한 맛있고 영양가 있는 식사를 하도록 했다. 그는 또한 직원들에게 대기업 직원들이나 받는 교육 프로그램을 듣도록 했다. 그리고 늘 그들이 꿈을 가지도록 열망을 불어넣었다. 월급쟁이처럼 일하지 말고 오너처럼 일해서 자신만의 꿈을 이루라고, 여기서 일을 철저히 배워서 관리자가 되든 자기 매장을 내든 미래를 향해 나아가라고 독려했다.

그리고 식당은 뭐니 뭐니 해도 맛으로 승부해야 한다고 생각했다. 도매시장에 조개를 구매하러 가면 항상 최상품만 고집했다. '식구'들에게는 조개를 손질하면서 조금이라도 이상한 게 있으면 무조건 버리라고 했다.

"많이 버릴수록 손님들이 늘어날 겁니다."

다른 곳과 맛을 차별화하려고 음식 연구도 거듭했다. 유명한 식당이라면 한식이고 양식이고 가리지 않고 찾아갔다. 그리고 그곳에서 배우고 느낀 것을 바로바로 메뉴에 적용했다. 그러다 보니 조개구이인데도 다양한 소스가 올라왔고 보기에도 먹음직스러운 메뉴가 탄생했다. 손님들이 먹기가 아깝다며 너도나도 사진을 찍었다.

이 사장은 늘 고객의 기대를 뛰어넘으려고 노력했다. 대형 승합차를 한 대 사서 새벽 5시에 영업을 마친 뒤 단골 고객들이 출근하려고 버스를 기다리는 정류장을 기습해 그들을 회사까지 태워다주었다. 매장에서 고객을 대할 때도 다른 식당처럼 기계적인 서비스 멘트를 하는 것이 아니라 친근하게 그러나 부담스럽지 않게 했다. 먼저 유머를 날리고 활기 넘치는 농담을 건네며 고객들과 재미있게 대화를 이끌어갔다. 고객들은 직원들의 활력 넘치는 태도에 기분 나빠하지 않고 오히려 그들의 팬이 되었다. 말솜씨와 서비스가 탁월한 직원들은 연예인처럼 고정 팬이 생기기도 했다. 어떤 날은 전 직원이 누드

사진을 찍기도 했으며 매장에 사이키 조명을 틀어놓고 댄스 경연을 벌이기도 했다. 고객들은 열광했다. 입소문이 나면서 언론에도 많이 노출되었다.

여기서 자신감을 얻은 그는 홍대 근처에 대형 매장을 열었다. 그러나 인생은 그에게 다시 겸손해지라고 했다. 새로 문을 연 매장이 실패하면서 그는 이제까지 번 돈을 전부 잃고 영등포역 노숙자들과 친구가 되었다.

이런 모습을 안타깝게 여긴 지인들이 그의 가능성을 믿고 응원하고 지원해줘 다시 매장을 연 곳이 바로 영동시장 먹자골목이었다. 그곳에서 그는 다시 태어났다. 그동안 모든 경험을 돌이켜보며 초심으로, 기본으로 돌아갔다. 그리고 마침내 재기한 지 5년 만에 전쟁터 같은 외식업계에서 4호점까지 지점을 냈다.

5년 동안 그는 세계 최고의 조개구이 전문점으로 만들려고 전 세계 25개국을 방문했다. 외국에는 조개구이를 이렇게 세심하고 맛있게 하는 곳이 없었고, 그나마 값도 상당히 비쌌다. 조개구이로 한국에서 최고가 되면 바로 세계 최고가 된다는 사실을 깨달았다. 실제로 현재 일본, 중국, 유럽 등의 한국 관광 가이드 책자에는 '갯벌의 진주'가 소개되어 있어 전 세계에서 손님들이 찾아온다. 철판을 용접하던 공고생이 세계 최고의 조개구이 전문점을 만들 토대를 마련한 것이다. 이제 그가 외식업계의 진정한 진주가 될 날도 머지않았다.

지금 내가 속한 곳이 나를 결정하는 것이 아니라 내가 바라보는 곳이 나를 결정한다. 막노동을 하든 고물을 수리하든 자기 일에 최선을 다하고 사람들에게 진정으로 정성을 다할 때 기회는 반드시 온다. 정성은 철판을 용접하던 공고생이 세계 최고의 조개구이 전문점 대표로서 외식업계의 진주가 되게 하는 가장 탁월한 진로 성공전략이다.

> 정성은 공고생이 외식업계의
> 진주가 되게 하는
> 가장 탁월한 진로 성공전략이다.

## 진짜 장애는
## 마음의 장애다

**몸은 불편해도
마음이 건강한 사람은 반드시 해낸다**

　　　　　　　　　　형은 늘 조용했다. 하지만 고요 속에서 언제나 바쁘게 움직였다. 어릴 적 방학이 되어 외가에 놀러 가면 만나곤 하던 사촌형. 형은 고등학생이었지만 외삼촌이 하는 힘든 농사일을 도왔다. 경운기를 몰고 거름을 한 짐씩 져 날랐다. 내가 가면 누구보다 반가워하며 홍시며 유과며 맛있는 것들을 이것저것 챙겨 주었다.
　형은 고등학교를 졸업하고 전자제품 회사에 취직했다. 농사지을 때처럼 회사에서도 무슨 일이든 열심히 했고, 자신에게 맡겨진 일은 어떤 경우라도 해냈다. 누구보다 일찍 출근했으며 다른 사람들의 잔

업까지 도와주었다. 회사에서 성실함을 인정받아 일본 기업에 파견되기도 했다. 너무 열심히 일하다 보니 손가락이나 관절에 무리가 와서 병원에 다니기도 했지만 항상 밝은 얼굴로 사람들에게 미소를 보였다.

사랑하는 여인을 만나 결혼하고 아이를 셋 두었다. 월급을 착실하게 저축해 마흔이 되기 전에 집을 마련했고 부모님께 용돈도 정기적으로 드렸다. 형은 지금도 누구보다 열심히 산다. 주변 사람들은 삶에 대한 그의 정성스러운 자세에 칭찬을 아끼지 않는다.

형은 선천성 청각장애인으로 태어날 때부터 듣지 못해 말을 배우지 못했다. 형을 만날 때마다 놀라는 것은, 형은 상대방 표정만 보고도 뭐가 필요한지 금방 알아채고 챙겨준다는 것이다. 우리는 사람의 목소리를 들으면서 한참 대화하고 나서도 돌아서면 그 사람이 진정 무엇을 필요로 했는지 알쏭달쏭한 경우가 많다. 소리를 듣지 못하는 형은 그 사람에게 무엇이 필요한지 정확히 아는데 소리를 듣는 우리는 오히려 그것을 모른다니 아이러니하다. 그렇다면 과연 누가 진짜를 듣는 사람이라고 할 수 있을까?

진짜 장애는 바로 마음의 장애다. 겉으로 볼 때 몸이 성한 것 같아도 마음이 잘못돼 있으면 아무것도 제대로 할 수 없다. 그러나 몸의 한 부분이 불편해도 마음이 제대로 된 사람은 반드시 해낸다.

## 오른손 없는 최고의 마케터, 나의 모티베이터가 되다

2008년 가을, 다니던 직장을 정리하고 강의를 하겠다고 나선 지 몇 개월이 지났지만 강사로서 특별한 활동을 하지 못하고 있었다. 의기소침해져서 《모티베이터》라는 책을 읽다가 순간적으로 온몸에 전율이 이는 것을 느꼈다. '그래, 나한테 필요한 것이 바로 이거야!'

책을 읽고 며칠 지나지 않아 세계지식포럼이 열린다는 광고를 보았다. 이틀간 참가비가 200만 원이 넘었다. 보통 때 같았으면 엄두도 못 냈겠지만 《모티베이터》의 저자이자 당시 KTF의 부사장이던 조서환 회장이 참석한다고 해서 바로 신청했다. 그뿐 아니라 영국의 스타 CEO인 리처드 브랜슨을 비롯한 세계적인 경영자와 정치인, 석학들이 온다고 했다. 그들이 전하는 지식과 정보도 궁금했지만 내게 더 필요한 것은 가까이에서 직접 그들을 보면서 그 기운을 느끼고 텅 비어버린 내 마음에 강력한 에너지를 충전하는 것이었다. 그들의 얼굴을 직접 보고 목소리를 듣고 기회가 되면 사진도 같이 찍겠다고 마음먹었다.

부푼 마음을 안고 참석한 첫날, 오프닝 그랜드 세미나에서 조서환 회장을 보았다. 그는 아시아태평양 마케팅 포럼 회장을 맡고 있었다. 나는 주저하지 않고 종이와 펜을 들고 그에게 다가갔다.

"부사장님! 《모티베이터》를 읽고 큰 감동을 받았습니다. 사인 좀 부탁드립니다."

그는 반가워하며 왼손으로 펜을 잡고 어색한 동작으로 사인을 해 주었다. 고마워서 악수하려고 오른손을 내밀었더니 그는 웃으면서 왼손으로 내 오른손을 감쌌다. 그리고 이야기했다.

"책도 열심히 읽고 이렇게 작가에게 들이대는 것을 보니 꼭 성공할 거예요. 열심히 합시다."

심장이 터질 것 같았다. 그의 격려의 말 한마디가 '엥꼬'가 나버린 내 마음의 에너지 탱크를 '만땅'으로 채워주었다. 힘이 솟고 할 수 있다는 확신이 들었다. 그 뒤 최고의 동기부여 강사가 되려고 더 열심히 DID했다. 그런데 그때 순간적으로 잊은 것이 있었다. 그는 오른손이 없어 의수를 착용했다. 그걸 깜빡 잊고 오른손으로 악수하려 한 것이다. 하지만 그는 괘념치 않고 왼손으로 내 손을 따듯하게 잡아주었다.

영문학도였던 그는 장교로 입대했다. 소대장으로서 수류탄 투척 훈련을 지도하던 중 폭발사고가 일어나 오른손을 잃었다. 장교로 임관한 피 끓는 청년이 한쪽 손을 잃었다는 것은 미래를 통째로 잃은 것과 같다. 이제까지 꿈꿔온 미래로는 갈 수 없게 된 것이다.

보통 사람 같으면 운명을 저주하며 실의에 빠져 주저앉았을 것이다. 하지만 그는 그러지 않았다. 비록 한 손이 사라졌지만 생에 대한 의지까지 사라진 것은 아니었다. 그는 더욱 강렬하게 삶을 소망했다. 사라진 한 손을 더는 생각하지 않고 남은 한 손으로 무엇을 할지 생각했다. 그리고 그가 내린 결론은 이것이었다.

"이제 나는 손이 아니라 머리와 입으로 살아가리라. 손을 쓸 수 없으므로 머리와 입으로 남들이 할 수 없는 일을 해내리라."

  손이 아니라 머리와 입으로 하는 일, 아무나 해낼 수 없는 일은 무엇이었을까? 결국 그는 우리나라를 대표하는 마케터가 된다. 그가 손댄 많은 제품이 매출 신기록을 세우며 이름만 대면 누구나 아는 브랜드가 되었으며, 그가 이끄는 애경그룹 마케팅팀은 마케팅 사관학교로 거듭났다. 이후 그는 아시아태평양 마케팅 포럼을 창립하여 회장으로서 마케팅 전문가들의 커뮤니티를 위해 봉사했다. KTF 부사장을 지낸 뒤 지금은 중국에 진출하여 새로운 역사를 쓰고 있는 기업의 CEO로 맹활약하고 있다.


## 눈물과 감동 그리고
## 기립박수

                      2009년 1월 23일은 내게 역사적인 날이다. 첫 번째 책 《DID로 세상을 이겨라》가 출간되었기 때문이다. 그날 나는 조서환 회장을 어렵게 초청하여 공동강연회를 열었다. 토요일 오후 1시. 2만 5,000원씩 내는 유료 강연회에 300여 명이 참석했고, 청중은 세텍SETEC 국제회의장을 가득 채웠다. 조서환 회장은 강연장에 들어서며 토요일 이 시간에 이렇게 많이 왔느냐면서 놀라워했다. 나로서는 태어나서 겨우 두 번째로 대중 강연을 하는 순간이었다.

  그가 먼저 강연을 했다. 한 손을 잃고 세상과 맞서온 그의 이야기는 눈물 없이는 들을 수 없었다. 강연하는 사람도, 강연을 듣는 사람도 눈물을 흘렸다. 하지만 그는 감상에 머물지 않았다. 때론 사람들의 웃음보를 터뜨리는 촌철살인의 유머로, 때로는 어떠한 역경에도 물러서면 안 된다는 강력한 메시지로 청중의 마음을 사로잡았다. 사람들은 기립박수로 그에게 경의를 표했다.

그가 강의를 마친 다음 내가 강단에 올라섰다. 청중에게 내가 그와 어떻게 만났는지 들려주고 그를 이 자리에 초청하기까지의 과정도 얘기했다. 나는 그를 만나 사인을 받은 뒤 꼭 함께 공동세미나를 하겠다는 결심을 했다. 그리고 며칠을 고민한 끝에 그에게 과일바구니를 보냈다. 그의 책을 읽으면서 받은 감동과 함께 흔쾌히 사인을 해주어 얼마나 감사했는지 마음을 진솔하게 담아 정성스럽게 카드를 써서 동봉했다. 공동강연회를 열어 국민에게 희망을 나누어주기 바란다는 소원도 함께 담았다.

그는 둘이서 차나 한잔하고 싶다고 회신했다. 그의 사무실에 가서 따뜻한 차를 마시며 많은 이야기를 나누었다. 책으로만 보다가 직접 만나 대화를 나누는 느낌은 특별했다. 책에 나온 내용 말고도 재미있고 유익한 이야기를 많이 들었다. 둘 다 장교로 근무했다는 점이 좋은 공감대를 형성하기도 했다.

나는 사람들에게 그의 감동적인 이야기를 들려줄 기회를 마련하고 싶다고 말씀드렸다. 그는 흔쾌히 승낙했다. 이렇게 해서 이루어진 그와의 공동강연회는 눈물과 감동 그리고 기립박수 속에서 아름답게 마무리되었다. 강의를 마친 뒤 많은 분이 다시 도전할 힘을 줘서 감사하다는 인사를 전해왔다.

강의 후 이어진 책 사인회에서 나는 영광스럽게도 그와 나란히 앉아 내 책에 사인을 했다. 《DID로 세상을 이겨라》는 그날 인쇄소에서 바로 나와 온기도 가시지 않은 따끈따끈한 신간이었다. 많은 사람이 그와 나의 책을 사들고 줄을 섰다. 그는 왼손으로 한 글자 한 글자 정성스럽게 사인을 해주었다. 나는 너무 흥분한 나머지 심장이 쿵쾅거리는 소리가 다른 사람에게도 들리지 않을까 걱정하며 사인했다. 우리는 사람들과 함께 사진도 찍었다. 그날의 감격과 흥분은 아직도 잊히지 않는다.

동기부여 강의를 하다 보니 진로를 상담하러 오는 사람들이 꽤 많다. 상담하다 보면 안타까울 때가 한두 번이 아니다. 자신이 성공하지 못하는 이유를 다른 사람들이나 외부 환경 탓으로 돌리는 이들이 많기 때문이다. 그렇게 생각하는 사람들은 앞으로도 성공하기가 쉽지 않다.

결과가 바뀌려면 원인이 바뀌어야 한다. 실패 요인이 외부에만 있다면 다른 사람들이나 외부 환경이 자신에게 유리하게 변해야만 겨우 성공의 실마리를 찾을 수 있다. 하지만 세상은 그리 만만하지 않다. 세상이 자신을 위해 밥상을 차려주고 자신은 숟가락만 얹으면 되는 상황이 일어날 확률은 극히 낮다. 유명 배우가 시상식에서 스태프들이 차려준 밥상에 자신은 숟가락만 얹었을 뿐이라는 수상소감을 말해 화제가 된 적이 있다. 그것은 스태프들의 수고와 고생에 대한 감사의 표시이지 실제로 그가 아무런 노력도 하지 않고 무임승

차했다는 것을 의미하지는 않는다. 사람들은 그가 그 자리에 서기까지 무명 배우로서 얼마나 기나긴 시간을 인내하며 연기력을 쌓았는지 잘 알고 있다.

조서환 회장은 오른손을 잃어 장애인이 된 순간에도 자신이 잃어버린 것보다는 남아 있는 것에 초점을 맞추었다. 그리고 자신이 가진 것으로 할 수 있는 일에 정성을 다했다. 손을 쓸 수 없으니 머리를 써서 남들이 생각하지 못한 콘셉트를 창조했다. 입으로 사람들의 마음을 움직였다. 이처럼 일과 인생에 대한 지극 정성이 있었기에 그는 신체장애를 딛고 우리나라 최고의 마케터가 될 수 있었다. 정성은 신체장애를 뛰어넘어 최고의 인생을 살게 해주는 아름다운 비밀이다.

> 정성은 신체장애를 뛰어넘어 최고의 인생을 살게 해주는 아름다운 비밀이다.

# 미녀를 얻은 야수의 작업 노하우

### 만년 솔로 독거남, 재벌가의 딸과 결혼하다

오타쿠는 일본에서 '애니메이션, SF영화 등 특정 취미와 사물에는 관심이 많으나 다른 분야의 지식이 부족하고 사교성이 결여된 인물'이라는 부정적인 뜻으로 쓰이는 말이다. 최근 한국에서는 여기에 긍정적인 의미가 많이 포함되어 '특정 분야의 전문가'를 뜻하는 말로도 쓰인다. 이 말은 1970년대부터 만화나 애니메이션, 게임, 퍼스널컴퓨터, 비디오 등에 몰두하며 취미가 같은 일본사람들이 동호회에서 만나 서로 예의를 지키고 존중하는 의미에서 상대를 '귀댁(오타쿠)'이라고 부른 데서 유래했다고 한다. 이들이 주로 만나는 곳은 일본 전자상가인 아키하바라 같은 곳이다.

이러한 오타쿠는 대개 일반인과 교류하기보다는 관심이 비슷한 사람들끼리 모여 활동하며 폐쇄적으로 살아간다. 일본의 투채널(2ch)이라는 인터넷 사이트에 '도쿠오(毒男=獨男, 독남)가 뒤에서 총 맞은 게시판-위생병 불러'라는 특이한 이름의 게시판에서 활동하는 오타쿠들이 있었다. 이른바 독거남이라 불리는, 여자 복이라고는 손톱만큼도 없는 만년 솔로 남성들이 모인 게시판으로, 눈꼴 시린 커플들의 행태를 비난하거나 자신의 연애 실패담과 신세 한탄 같은 시답잖은 이야기를 했다.

그런데 2004년 봄, 이들 가운데 한 오타쿠가 아름다운 부잣집 여성과 결혼하며 크게 화제가 되었다. 그는 온라인에서 '전차남'이라는 별명을 쓰는 스물두 살의 오타쿠였다. 그의 이야기는 책으로 출간되어 100만 부가 넘게 팔렸으며 만화와 영화로도 제작되어 일본 대중에게 뜨거운 반향을 불러일으켰다.

'전차남'은 게임과 애니메이션을 광적으로 좋아하며, 비호감의 복장과 외모를 한 전형적인 오타쿠 가운데 한 사람이었다. 어느 날 그가 전차를 타고 가다가 술 취한 사람에게 위협받고 있는 한 여성을 구해냈다. 그는 자신이 구해낸 아름다운 여성에게 한눈에 반했다. 하지만 극도로 소심한 그는 그녀에게 어떻게 다가가야 할지 몰랐다. 결국 그는 인터넷 게시판에 자기 상황을 설명하고 도움을 요청했다. 오타쿠들이 모인 게시판에서는 실제 상황인 전차남의 연애가 성공하도록 도우려고 매일 열띤 대화가 오고 갔다.

전차남은 지금까지 연애를 해본 적이 없었다. 데이트할 때 입을 마땅한 옷도 없었다. 어디서 만나야 할지도 몰랐으며 만나서 무슨 이야기를 해야 할지도 몰랐다. 하지만 그는 인터넷 게시판의 응원군들이 보내주는 조언을 들으며 그녀에게 할 수 있는 모든 정성을 다했다. 그들이 알려준 의류매장에 가서 옷을 새로 갖춰 입었으며 머리 모양도 멋지게 변화를 주었다. 여성 앞에만 서면 말을 더듬는 습관을 고치려고 할 말을 미리 적어서 외운 뒤 데이트에 나갔다. 그녀와 만나기로 한 곳에 미리 가서 자리를 확인하고 음식을 주문해서 먹어 보았다. 그녀가 새 컴퓨터를 사려고 하자 회사별 제품의 장단점을 자세히 비교한 내용을 그녀에게 주어 좋은 제품을 선택하도록 도왔다.

무역회사에 다니며 영어도 잘하고 저택에서 부잣집 딸로 살던 그녀는 어수룩해 보이는 전차남의 진심에 조금씩 마음이 움직였다. 중간에 위기가 있었지만 결국 전차남은 그녀와 결혼했다. 게임과 애니메이션에 꽂혀 사회와 단절하고 살면서 여자와 데이트도 제대로 해보지 못한 오타쿠 청년이 우아하고 멋진 커리어우먼이자 부잣집 딸과 결혼한 것이다. 영화나 드라마에나 있을 법한 러브 스토리가 인터넷을 타고 세상에 알려지면서 전차남은 많은 오타쿠에게 전설로 회자되었다.

요즘 우리 사회에서는 남자가 집을 마련하지 못하면 결혼도 하기 어렵다고 한다. 결혼은 사랑하는 남녀가 서로 의지하며 평생 함께 살고 싶어서 하는 것인데 돈이 없는 사람은 결혼도 하기 어려운 세상이 되었다니 안타까운 일이다. 하지만 다행히 세상 사람들이 사는 모양새는 다양하다. 아웃사이더로 여겨지던 오타쿠가 진심을 담아 정성껏 사랑을 표현함으로써 계층을 초월해 아름다운 여인과 결혼한 이야기는 우리에게 희망을 준다.

돈은 우리에게 많은 것을 하도록 해준다. 하지만 돈이 해줄 수 없는 영역이 이 세계에는 있다. 마음은 돈으로 살 수 없다. 물론 돈이 필요한 사람에게 돈을 주며 하고 싶은 것을 하라고 할 수는 있다. 하지만 그렇게 한다고 해서 사람의 마음까지 얻게 되는 것은 아니다. 마음은 오직 마음으로만 얻을 수 있다.


## 15년 정성으로 미녀를 얻은 야수

얼마 전 텔레비전에서 한 연예인 부부의 흥미로운 결혼 이야기를 들었다. 남편은 개그맨 최승경 씨였고 부인은 탤런트 임채원 씨였다. 연예인 부부를 보면 장동건·고소영 부부, 이재룡·유호정 부부, 최수종·하희라 부부 등 대부분 분위기가 비슷한 사람끼리 만났다. 그런데 이 부부의 이야기가 흥미를 끈 것은 남편과 부인의 이미지가 사뭇 어울리지 않아 보였기 때문이다.

부인 임채원 씨는 누가 봐도 한눈에 '참 아름다운 여성이구나!' 하는 탄성이 나올 정도로 예뻤다. 임채원 씨는 1990년대 최고의 하이틴 스타 중 한 명이었다. 드라마에도 늘 사람들의 시선을 끄는 멋진 역할로 나왔다. 반면에 최승경 씨는 배도 좀 나오고 얼굴도 미남이라고 하기 어려웠다. 코미디 프로에도 늘 우스꽝스러운 캐릭터로 나왔다. 누가 봐도 '미녀와 야수' 커플이라고 생각할 수 있었다. 그런데 그들의 이야기를 들으면서 미녀와 결혼에 성공한 야수의 눈물어린 정성에 나도 모르게 울컥하고 말았다.

그들은 1991년에 처음 만났다. 그리고 2006년에 결혼했으니 남자가 15년 동안 한결같이 정성을 다해 사랑을 구한 것이다. 남자는 그녀를 처음 본 순간 '나는 반드시 저 여자와 결혼하고 말 것이다'라고 결심했다. 그리고 주변 사람들에게 자기는 그 배우와 결혼할 거라고 계속 얘기했다. 주변에서는 말도 안 되는 얘기라면서도 본인이 워낙 진지하고 끈질기게 이야기하니까 그럴지도 모른다고 생각하는 정도였다. 결국 어느 행사장에서 다른 배우를 통해 그녀의 연락처를 알아낸 그는 연락을 시도했다. 회신이 오지 않아도 당연하다고 생각하던 그에게 뜻밖에도 그녀가 답을 보냈다. 그는 그것을 절대로 포기하지 말라는 뜻으로 받아들였다.

사실 그녀는 그때 그에게 마음이 있었던 것이 아니라 나이가 같을 뿐 아니라 성격도 좋은 사람이라는 주변의 평가를 듣고 좋은 친구로 지내는 것도 나쁘지 않을 것 같아서 연락한 것이었다. 마침내 하와이의 한 행사장에서 그녀를 만난 그는 용기를 내어 부탁했다. 서울 가서 열 번만 만나달라고, 겉모습만 보고 판단하지 말고 만나면서 판단해달라고, 그러고도 아니라고 한다면 깨끗이 포기하겠다고.

이렇게 해서 열 번 만나는 동안 그녀는 그의 순수한 마음과 자신을 향한 정성에 반했다. 이 사람이라면 한평생 믿고 살아도 좋겠다는 생각이 들었다. 두 사람은 남자가 여자와 반드시 결혼하겠다고 마음먹은 지 15년 만에 결혼식을 올렸다. 주변에서 많은 사람이 놀라워했다.

하지만 그들은 알았다. 남자의 사랑이, 남자의 정성이 얼마나 켜켜이 쌓여 이루어진 결혼인지. 어울리지 않을 것 같은 미녀와 야수의 결혼에 많은 사람이 박수를 보내며 진심으로 축하해주었다. 그리고 미녀의 남편이 된 야수는 결심했다. 어떤 일이 있어도 이 사람은 이기지 말자. 아니 이기려고 하지 말자. 최승경·임채원 부부는 지금 아들을 하나 두고 아주 행복하게 살고 있다.

야수도 미녀와 결혼할 수 있다. 바보 온달도 평강공주와 결혼했다. 사실 이는 동화나 만화영화의 단골 소재다. 하지만 우리는 이런 이야기를 접하면서도 현실에서는 불가능한 일이라고 생각한다. 자신이 야수의 처지에 있다고 생각하는 보통 사람은 사랑하고 싶은 여자를 보고도 지레 포기한다. '내가 사랑한다고 하면 그녀는 나를 비웃을 거야. 나만 더 비참해질 뿐이야' 하고 스스로 결론까지 내리고는 시도조차 하지 않는다. 그러다가 자괴감이 커지고 열등감을 이기지 못하면 되지도 않을 고백을 한 뒤 마음을 정리하고 만다.

미녀의 마음이 이럴 것이라는 결론을 성급하게 내려서는 안 된다. 영화배우 유해진 씨와 김혜수 씨가 연인이라는 뉴스가 나왔을 때 많은 사람이 유해진 씨를 응원하면서 부러워했고 김혜수 씨의 마음씨에 감동했다. 사람은 상대방을 외모만으로 판단하지 않는다. 오히려 상대의 마음을 더 알고 싶어한다.

어쩌면 미녀들은 남자들이 외모만 보고 접근할까 봐 걱정할지도 모른다. 외모 때문이 아니라 마음과 존재 자체를 진심으로 사랑해줄 사람을 기다릴지도 모른다. 그래서 공주가 신분을 속이고 보통 사람들 속에 섞여 살면서 있는 그대로 자신을 사랑해줄 사람을 찾은 이야기가 화제가 되기도 한다. 야수의 진심이 미녀의 마음을 움직인다. 평민의 간곡한 정성이 공주의 따스한 사랑을 얻게 해준다. 정성은 외모와 조건을 넘어 야수가 미녀와 사랑하게 해주는, 계층과 환경을 초월해 평민이 공주와 결혼하게 해주는 최고의 작업 노하우다.

정성은 외모와 조건을 뛰어넘는 최고의 작업 노하우다.

# 최종학력 초졸,
# 내게는 천만다행

## 정성으로 들이댄 모녀,
## 감동을 주다

경기도 교육정보원에서 학부모 진로코치 강의를 해달라는 요청을 받았다. 한 번에 약 600명의 중·고등학교 학부모를 대상으로 세 번 강의하는 프로그램이었다. 세명대학교와 신흥대학교에서 두 번 강의를 마치고 단국대학교에서 마지막 강의를 하려고 강의실로 가는데 휴대전화로 문자가 왔다. '송수용 강사님, 혹시 제가 어제 보낸 메일 보셨는지요?'

바로 메일함을 확인하니 '저도 한번 들이대 봅니다!'라는 제목의 메일이 와 있었다. 안산 경안고등학교 2학년 여학생이 보낸 메일이었다. 그 학생은 자기 엄마가 내 강의를 듣고 집에 와서 강의내용을 들려주었는데 정말 멋진 이야기에 감동받았다고 했다. 그리고 이번 방학숙제로 직업인과 면담을 해야 하는데 나를 인터뷰하고 싶다고 했다. 그러니 오늘 단국대학교 강의에 엄마랑 같이 참석하고 싶다는 내용이었다. 나는 바로 답장을 보냈다.

'환영합니다. 엄마와 함께 조심해서 오세요.'

학부모 진로코치 연수과정에 참여한 학부모들은 열의가 대단했다. 나는 그들 앞에서 내가 걸어온 길을 이야기했다. 기업에 몸담았던 시절, 모두 어쩔 수 없다며 체념하려는 절체절명의 순간에 포기하지 않고 끝까지 도전해 위기를 극복하고 새로운 방향으로 성장해간 사례들을 들려주었다.

중요한 것은 성적이나 학벌이 아니다. 오히려 학력이 높은 사람일수록 변화를 두려워하고 안전한 길만 찾는 경향이 있다. 주위에는 중학교, 고등학교만 졸업하고도 CEO로서 당당하고 멋지게 사업을 이끌어가는 분들이 많다. 나는 학부모들에게 이런 이야기를 들려주면서 가장 중요한 것은 자신에게 맞고, 자신이 좋아하고, 자신이 몰입할 일을 찾는 것이라고 말했다. 성공하고 행복을 찾는 일은 학벌이 아니라 가슴 밑바닥에서 치고 올라오는 주체할 수 없는 열정과 도전이 있어야 가능하다고, 열정과 도전이 있으면 학력은 얼마든지 만들 수 있다고 말했다.

이런 이야기들을 나누다 잠시 쉬는 시간이 되었을 때 체구가 자그마한 여학생이 내게 다가왔다. 그 뒤에는 그 학생보다 더 작아 보이는 엄마가 서 있었다. 학생은 내게 공손히 인사하더니 박스를 하나 내려놓았다. 뭐냐고 물으니 '뇌물'이라고 했다. 3,000원짜리 자일리톨 껌을 뇌물로 들고 가 2,000만 원짜리 계약을 따낸 사례를 강의시간에 들려주었는데 그대로 흉내 낸 것이다. 학생의 행동이 기특하고 대견해서 웃음이 나왔다. 상자 안에는 앙증맞은 게 꽤 쓸모 있어 보이는 휴대용 밥통이 들어 있었다.

학생은 자기가 어제 메일을 보냈다고 했다. 엄마와 함께 전철 타고 버스 타고 한 시간 넘게 왔다고 했다. 그리고 열두 가지 질문을 정성스럽게 적은 종이를 꺼냈는데 질문에 다 답하기에는 시간이 짧았으므로 핵심 질문을 중심으로 최선을 다해 답변했다. 강의장 안에서는 600여 명의 학부모가 이 모습을 지켜보았다. 휴식시간이 끝나고 다시 강의를 시작하면서 나는 그 학생 이야기를 학부모들에게 들려주었다. 엄마에게 내 이야기를 듣고 감동을 받아 직접 들이대겠다는 메일을 보내고, 뇌물까지 챙겨 인터뷰를 정성껏 준비해온 학생에게 다 같이 박수를 보내자고 했다. 순간 600여 명의 박수소리가 강당을 가득 메웠다.

학생은 자리에서 벌떡 일어나더니 머리를 깊이 숙여 공손하게 인사했다. 참으로 감격적인 순간이었다. 학생은 그동안 꿈도 목표도 없었으며, 공부도 열심히 하지 않았다고 했다. 그리고 오늘 태어나서 처음으로 많은 사람에게서 박수를 받았다고 했다. 그날 밤 학생의 엄마에게서 이메일이 왔다.

그동안 저는 딸아이의 축 처진 어깨와 핏기 없는 얼굴을 대할 때마다 엄마로서 무엇을 어떻게 해야 할지 막막하여 잠 못 이루는 날이 많았습니다. 그러던 중 강사님의 강의를 듣고 저 자신부터 교육에 대한 고정관념을 내려놓아야 한다는 것을 깨달았습니다. 당장의 성적표와 등급이 아이 행복의 기준이 아님을 인정하기로 했습니다.

저보다 덩치가 커버린 딸아이를 기말고사 기간에 제 무릎에 앉히고 등을 두드려주면서 "괜찮아. 넌 잘될 거야. 아니, 네가 그 어떤 것을 해도 넌 그냥 소중해!"라고 속삭이곤 함께 눈물지었습니다. 그리고 예전에 우리 딸아이가 해보고 싶어한 댄스학원에 가서 등록 상담도 하고 저녁 바람에 나무 사이를 여유롭게 거닐며 대화도 나누었습니다.

그리고 오늘 딸아이가 스스로 꿈을 찾아 꿈틀대도록 강사님께 들이대는 모험을 시도하게 되었습니다. 갑작스러운 들이댐에도 강사님께서는 진지함과 따뜻함 그리고 명석함으로 딸아이의 인터뷰에 응해주셨고, 강의장에 모인 수많은 분들 가운데서 박수갈채의 주인공이 되게 해주셨습니다. 딸아이가 기대한 것의 **1000% 이상의 성취감을** 선물로 받았습니다. 정말 감사했습니다. 그리고 행복했습니다.

돌아오는 버스 안에서, 전철 안에서 우리 아이의 얼굴에서 정말 오랜만에 빛이 났습니다. 설명할 수 없는 변화였습니다. 저는 오늘 강의를 두 번째로 들으면서 더 큰 감동과 선명한 깨달음으로 힘을 얻었습니다. 암벽과 같은 딸아이 교육… 하지만 오히려 딸아이를 통해 제가 훈련되고 자라나고 있음을 발견하게 됩니다. 강사님의 삶의 전략처럼 저도 끊임없이 배우고 도전하는 삶을 살아보겠다고 다짐해봅니다.

멋진 송수용 강사님, 외면과 내면의 매력을 강의를 통해 발산해주신 열정에 감사드리며 내일을 향해 함께 파이팅하길 기대합니다. 건강하시길 바랍니다.

메일을 읽으며 내 눈가는 촉촉해지고 말았다. 감사했다. 행복했다. 학생이 자기 꿈을 찾아 꼭 이루기를, 그리고 그 엄마도 자신의 꿈을 찾아 행복하기를 기원했다.


## 청소부에서 품질관리 명장으로, 명강사로 우뚝 서다

중학교도 가지 못하고 일해야 하는 소년이 있었다. 소년은 교복을 꼭 한 번 입고 싶었다. 그래서 마당에 널어둔 주인집 아들의 교복을 몰래 가져다 자기 이름이 쓰인 명찰을 붙이고 사진을 찍었다. 그것이 소년의 유일한 교복 사진이 되었다.

강원도 평창에서 화전민의 아들로 태어난 소년은 초등학교를 다니다 그만두고 부모님의 약값을 벌기 위해 일을 했다. 이런저런 일을 전전하다 천신만고 끝에 대우중공업 창원공장에 청소 사환으로 들어갔다. 소년은 아침 7시에 출근해 회사의 마당을 쓸었다. 비가 오는 날에도 눈이 오는 날에도 제일 먼저 출근해 마당을 쓸었다. 텃밭에 채소를 심어 구내식당에 가져다주기도 했다.

그의 성실성에 반한 본부장은 그가 기능공이 되도록 해주었다. 기능공이 된 그는 아무도 시키지 않았지만 선배들의 유니폼을 빨아놓았고, 기계 하나하나를 완전히 분해해 청소한 뒤 다시 조립해놓았다. 분임조 활동을 할 때는 2년 반이나 기계 옆에서 잠자며 품질개선에 모든 혼을 쏟아 부었다. 연구 도중 쓰러져 병원에 실려 간 적이 한두 번이 아니었다. 초등학교도 제대로 나오지 못했지만 국가기술 자격증에 도전해 아홉 번 떨어지고 열 번 만에 합격했다.

서른을 훌쩍 넘긴 소년은 국립창원기능대학을 수석으로 졸업했다. 초정밀부품 생산 기술을 62개나 국산화했고 2만 4,000여 건의 아이디어를 제안했다. 전국 품질관리 분임조 경진대회에서 금메달을 따내고 마침내 대한민국 품질명장으로 인증받았다. 그는 매일매일 독학하여 영어, 일본어를 비롯한 5개 국어를 구사하게 되었다.

마당을 쓸던 청소부에서 품질관리 분야 최고 자리에 오른 소년. 그가 바로 김규환 명장이다. 몇 년 전에 《어머니 저는 해냈어요》라는 그의 책을 보고 마음이 울컥해 혼자 눈물을 훔친 기억이 선명한데 얼마 전 그가 강연하는 모습을 텔레비전에서 보았다. 이제 그는 명장으로뿐 아니라 유명한 강연자로 많은 사람에게 깊은 영감을 주고 있었다. 먹을 것이 없어 쓰레기통을 뒤져야 할 만큼 비참하게 살던 소년이 신나게 뱃노래를 부르며 청중의 마음을 들었다 놨다 했다.

그의 책을 처음 읽을 때 나는 강사가 아니었다. 하지만 1년에 300회가량 강의를 하는 강사가 되어 그가 하는 강연을 보니 그의 삶에 대한 정성이, 인생에 대한 투혼이 오롯이 마음에 전해졌다. 겪어보지 않으면 할 수 없는 이야기, 모든 아픔을 처절하게 온몸으로 받아냈기에 나올 수 있는 그의 이야기에 또다시 눈물을 훔쳤다. 그렇게 힘든 삶을 겪고도, 처절한 삶을 살고도 그는 긍정을 이야기했다. 신바람을 이야기했다. 그리고 감사함을 이야기했다.

일본에서 경영의 신으로 불리며 570개 기업과 13만 종업원을 휘하에 두었던 마쓰시타 고노스케 회장은 자기 삶에서 세 가지에 감사한다고 했다. 가난한 것, 허약한 것 그리고 못 배운 것이 그것이다. 가난했기 때문에 부지런히 일하지 않고는 잘살 수 없다는 진리를 터득했고, 허약했기 때문에 일찍부터 건강관리에 힘썼으며, 초등학교도 못 나왔기 때문에 이 세상 모든 사람을 스승으로 모시고 배우는 데 주저하지 않았다고 말이다.

　우리는 가난하기 때문에 좋은 학교에 갈 수 없고 허약하기 때문에 아무것도 할 수 없으며 학벌이 딸려서 취업을 할 수 없다고 이야기한다. 왜, 무엇 때문에 똑같이 가난하고 허약하고 못 배웠는데 누구는 경영의 신이 되고 누구는 낙오자가 된단 말인가? 가난을 부지런히 일해야 하는 성공의 밑천으로 삼을지, 아무것도 할 수 없는 불리한 조건으로 만들지는 자신이 선택한다. 가난해도 자신이 선택한 일에서 정성을 다하면 반드시 성공할 수 있다. 초등학교밖에 못 나왔어도 정성을 다하면 자기 분야에서 최고가 될 수 있다. 세계적인 기업가가 될 수 있다. 정성은 초등학교도 나오지 못한 사람을 명장의 반열에 오르게 하는 인생 반전의 열쇠다.

> 정성은 초등학교도 나오지 못한 사람을 명장의 반열에 오르게 하는 인생 반전의 열쇠다.

# 부족한 스펙은 없다, 채워나갈 경력만 있을 뿐

### 스펙이 아닌 진짜 실력으로 승부한 스티브 잡스

스티브 잡스에 관한 책은 아주 많지만 스티브 잡스 본인이 부탁하고 인터뷰까지 참여해서 나온 책은 딱 한 권이다. 2004년 스티브 잡스는 한 사내에게 전화를 걸어 만나자고 했다. 그리고 자신의 전기를 써달라고 요청했다. 하지만 그 사내는 거절했다.

2009년 스티브 잡스의 아내는 그 사내에게 잡스의 삶이 얼마 남지 않았음을 암시하며 전기를 쓰라고 강권했다. 비로소 사내는 스티브 잡스의 책을 쓰기로 결심하고 집필에 들어갔다. 그 사내는 〈타임〉 편집장과 CNN의 CEO를 지냈으며 전문 전기작가로 활동하는 월터 아이작슨이다.

스티브 잡스가 그에게 처음 전화를 건 2004년은 그가 벤저민 프랭클린 전기를 출간한 지 얼마 되지 않은 시점이었다. 묘하게도 300년 전 실용주의 미국의 정신적 토대를 이뤄 미국 정신의 아버지로 존경받는 벤저민 프랭클린과 300년 뒤 미국의 창의적 힘을 세계에 보여주며 인류 문명사에 강력한 영향을 미치는 제품으로 산업의 지도를 바꾼 스티브 잡스의 전기를 한 사람이 쓰게 된 것이다.

18개월 동안 스티브 잡스와 40여 차례 인터뷰하고 100명이 넘는 친구와 친척, 경쟁자, 동료들을 인터뷰한 월터 아이작슨은 이렇게 말했다.

"스티브 잡스야말로 독창성과 상상력, 지속가능한 혁신의 궁극적 아이콘으로 우뚝 설 인물이다."

이러한 스티브 잡스의 스펙은 어떨까? 명문 사립고등학교를 나와 아이비리그의 대학을 졸업하고 MBA 과정을 마쳤을까? 그렇지 않다. 그는 콘크리트 벽돌로 지은 2층짜리 건물에 학생을 2,000명이나 수용하는 고등학교를 다녔다. 1학년 때 마리화나를 피우기도 했으며, 2, 3학년 때는 문학과 음악에 몰두했다. 대학교도 자퇴했다. 더욱이 그는 부모에게서 버려진 입양아였다. 스펙만으로는 그가 세계 최고 IT 회사의 CEO가 될 거라는 어떠한 실마리도 찾을 수 없다. 하지만 분명 그는 전 세계에서 가장 창조적인 기업을 만들어낸 최고경영자다.

우리가 강박적으로 스펙을 추구하는 이유는 자기 능력을 스펙으로 평가받는다고 생각하기 때문이다. 물론 스펙 자체가 그 사람의 자질과 능력이라고 평가하던 시절이 있었다. 그때는 대학을 졸업한 사람 수가 적었으며 석사학위나 박사학위 소지자도 그렇게 많지 않았다. 그러나 지금은 대부분 대학을 졸업한다. 석사학위 하나쯤 갖고 있는 것이 기본이 되고 있다. 대학생들은 취직을 생각해 작정하고 스펙을 만든다. 직원을 뽑으려고 신입이든 경력이든 면접을 보면 서류에 있는 스펙과 실제 능력이 너무 차이 나는 사람이 많다. 또 면접 때 좋게 봤던 사람이 현장에서는 전혀 다른 모습을 보이며 한 달도 버티지 못하는 경우가 비일비재하다. 그러다 보니 기업들도 스펙이 아니라 그 사람이 실제 어떤 태도와 능력 그리고 마인드를 가지고 있는지 판별하려고 애쓴다.

 스티브 잡스는 열두 살 때 주파수 계수기를 만들고 싶어 전화번호부에서 휴렛패커드 창업자 빌 휴렛의 번호를 알아내 직접 부품을 구했다. 그는 일을 좋아해 신문배달도 하고 전자기기 상점에서 재고품도 정리했다. 벼룩시장에 전자제품 부품을 내다팔며 수익을 냈다. 대학은 중퇴했지만 흥미 있어 한 캘리그래피 수업은 계속 들었다. 그는 누군가에게 보여주기 위한 스펙은 쌓지 않았다. 그 대신 자신이 흥미로워하는 일에 집중했다. 손으로 직접 회로를 만들고 부족한 것은 어떤 방법으로든 구했다. 그리고 마침내 그 일로 최고가 되었다.

 스펙에 집착하는 것은 불안감 때문이다. 스펙을 갖추지 못하면 남들보다 뒤처질 것 같은 불안감 말이다. 그러나 세상은 내 불안감과는 무관하게 스펙보다는 진짜 실력을 검증하기 시작했다. 이제 젊은 이들은 다시 그 검증을 불안해하고 있다. 들키면 어떡하지? 하지만 언제까지 불안에 떨 수는 없다. 더는 스펙에 얽매이면 안 된다. 중요한 것은 진짜 실력이다. 실력의 내용은 구체적 능력과 태도 그리고 열정이다. 부족한 지식과 스킬은 태도와 열정으로 극복할 수 있다. 세상에 보여주어야 할 것은 불안하게 쌓은 스펙이 아니라 당당한 실력이다.

## 정성으로 자신의 스펙을 만든 벤저민 프랭클린

월터 아이작슨은 스티브 잡스의 전기를 쓰기 전에 방대한 분량의 벤저민 프랭클린 전기를 출간했다. 벤저민 프랭클린은 17남매 중 막내로 태어났다. 여덟 살에 라틴어학교에 들어갔지만 1년도 다니지 못했다. 이후 셈을 배우는 학교에서 1년 정도 공부했다. 이것이 그가 경험한 정규 교육의 전부였다. 형의 인쇄소에서 견습공으로 일하다 미래가 없음을 깨닫고 필라델피아로 도망쳤다. 그곳에서 다시 인쇄소에 들어가 일하며 성공의 기반을 다졌다.

  그는 무엇보다 근면했다. 누구보다 일찍 출근했으며 인쇄의 모든 공정에 정통할 때까지 배우고 연습했다. '2펜스짜리 빵과 펌프로 퍼 올린 물'로 끼니를 때우며 쉬지 않고 일했다. 그 와중에도 밥 먹는 시간을 아껴 책을 읽고 글을 썼다.

 그는 모든 것을 스스로 생각하고 계획을 세워 실행했다. 경제적 자립의 중요성을 일찍 깨닫고 철저히 검소하게 생활했다. 품성을 닦으려고 열세 가지 덕목을 정해 수첩에 적어놓은 뒤 구체적으로 실행했다. 42세 이후에는 사업에서 은퇴하여 발명가와 정치가로서 공적인 삶을 살며 피뢰침, 복초점 안경, 고효율 난로 등을 발명하고 도서관, 대학교, 의용소방대 등을 만들었다. 이처럼 그는 근면과 성실, 독학으로 연마한 학문, 봉사하는 삶을 통해 미국의 독립을 이끌어냈으며, 헌법의 기초를 닦고 실용적 민주주의의 토대를 마련했다는 평가를 받게 되었다.

 스티브 잡스는 아이폰에 쓰일 하얀색을 결정하려고 수백 종류의 하얀색을 검토했다고 한다. 벤저민 프랭클린은 본인이 훌륭하다고 생각하는 글의 제목을 쓴 다음 원문과 같아질 때까지 몇 번이고 다시 썼다고 한다.

 300년이나 차이 나지만 스티브 잡스와 벤저민 프랭클린의 성공 요인은 크게 다르지 않다. 내세울 만한 스펙이나 배경은 없지만 둘 다 스스로 길을 만들었다. 자신이 흥미로워하는 일 혹은 스스로 선택한 일의 바닥에서 시작했다. 허드렛일조차 즐거워하며 최선을 다했다. 보여주기 위한 공부가 아니라 스스로 궁금한 것을 찾아 학습했다. 책을 손에서 놓지 않았다. 하고 있는 일에서 성과를 냈다. 스스로 만족할 때까지 노력했다. 한결같이 자신들이 선택한 일에 혼을 실어 정성을 다했다.

# 박수칠 때
# 떠나라

나는 제지회사에서 사회생활을 시작했다. 군에 있으면서 사회에 대한 공부와 준비를 따로 하지 않아 제지회사가 어떤 일을 하는 곳인지도 잘 몰랐다. 어느 정도 시간이 흐르자 제지라는 업종이 장치산업으로서 전통 제조업의 하나이며 IT나 생명공학 등과 같은 첨단 업종이 아니라는 것을 인식하면서 이 업종이 내가 평생 있어야 할 곳은 아니라는 생각을 했다.

보통 이런 생각을 하게 되면 현재 하는 업무에 흥미를 잃고 일을 대충하기 마련이다. 하지만 나는 거꾸로 생각했다. 이곳을 벗어나야 하기에, 그때부터 하던 일을 더욱 정성을 다해 하기 시작했다. 그리고 마침내 3년 뒤 진급심사에서 1등을 했다. 1등을 하고 나니 선택권이 생겼다. 진급해서 이 회사에서 계속 열심히 할지 아니면 새로운 일을 할지에 대한 선택을 내가 하게 된 것이다. 늘 열심히 일해서 1등을 했으므로 외부에서도 함께 일해보자고 제안하는 사람들이 많았다.

그때 내가 이 업종에 실망해서 일을 소홀히 하면서 대충 살았다면 어떻게 되었을까? 진급은 당연히 안 되었을 것이고 일을 대충하는 사람이라는 평판이 형성되어 나와 같이 일하고 싶어하는 사람도 없었을 것이다.

제지회사를 그만둔 다음에는 소프트웨어를 개발하는 IT 벤처기업에 들어갔다. 새로운 벤처기업에서도 어려움이 많았지만 투자를 수

십억 원 유치하고 거래처를 새로 발굴하는 등 주변 사람들이 놀라워하는 성과를 이뤄냈다. 그리고 그때 만난 분과의 인연으로 '강강술래'라는 외식업체의 기획이사로 자리를 옮겼다.

강강술래에서도 광우병이라는 복병을 만나 고생했지만 새로운 수익 모델을 찾고 조직 문화를 개선하며 회사를 위기에서 새로운 단계로 도약시키는 데 중요한 역할을 했다. 결국 이러한 경력을 거치며 쌓인 위기 극복 사례들이 사람들에게 영감을 주는 훌륭한 이야기가 되어 책을 출간했고, 연간 300회 강연을 하는 강사가 되었다. 이 과정에서 사람들은 스펙으로 나를 평가하지 않았다. 위기 상황에서 내가 어떻게 판단하고 행동하며 어떤 성과를 만들어내는지 지켜볼 뿐이었다.

부족한 스펙이란 없다. 완벽한 스펙도 없다. 내가 경력을 쌓아 어떤 능력을 갖추느냐가 핵심이다. 일시적인 포장은 금방 탄로 난다. 부끄러운 순간을 당하기 전에 진짜 실력을 갖추자. 보여주기 위한 스펙이 아니라 나만의 경력을 만들자. 경력을 만드는 과정에서 혼나고 실수하고 잘못하는 것은 부끄러운 일이 아니다. 그러한 과정이 쌓여 나에게 교훈이 되고 지혜가 되고 노하우가 되는 것이다. 내 능력에 대해 어떤 질문을 받더라도 당당하게 경험과 경력을 근거로 자세히 이야기할 수 있으면 된다.

얼마 전 우리나라 기업의 광고 공모전에서는 계속 탈락하던 지방대학 팀이 세계적 권위를 자랑하는 외국의 광고대회에서 당당히 대상을 받았다는 소식을 접했다. 아직도 스펙으로 나를 평가하는 곳이 있다면 내가 먼저 거부하자. 그런 곳은 내가 있을 가치가 없는 곳이다. 진짜 내 실력을 알아주는 곳을 찾아 다시 도전하자. 부족한 스펙은 없다. 나 스스로 채워가는 경력만 있을 뿐이다. 혼을 온전히 실어 정성으로 만든 나만의 경력은 살면서 무엇과도 바꿀 수 없는 자산이 된다.

> 혼을 온전히 실어 정성으로 만든 나만의 경력은 살면서 무엇과도 바꿀 수 없는 자산이 된다.

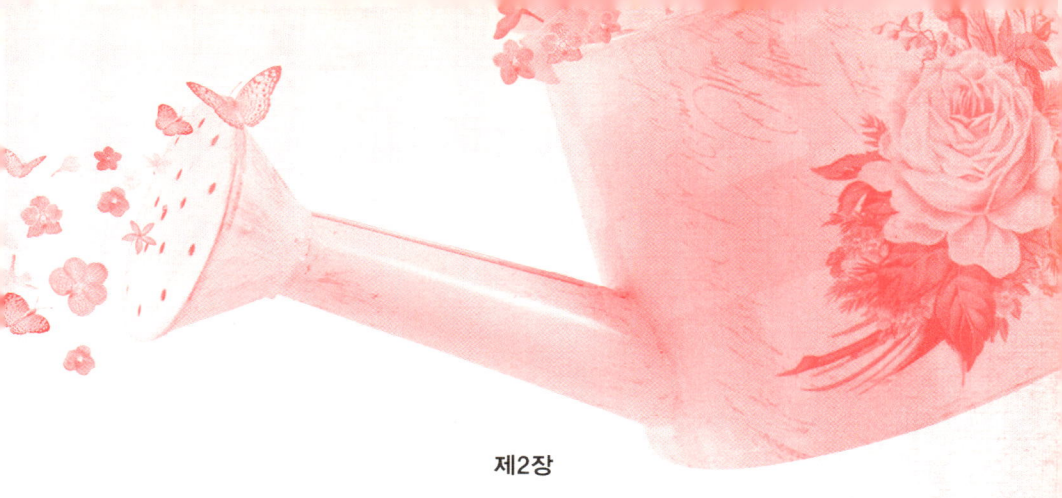

제2장

# 인생을 뒤바꾼 정성의 힘

백배의 수익으로 돌아온 '정성 환불'
거래처의 마음을 훔친 상황맞춤형 '정성 선물'
사소한 음식을 수백억짜리 황금 메뉴로 만든 '정성 레시피'
고객이 다시 오지 않고는 못 배기는 '정성 서비스'
연봉 3억, 고객이 나의 실적을 염려하도록 만든 '정성 세일즈'
최고의 마케팅 전략인 입소문을 만든 '정성 마케팅'
직원이 회사를 사랑하고 일에 몰입하게 하는 '정성 경영'
행운을 가져오는 귀인을 만나는 비결 '정성 커뮤니케이션'
백만 독자가 감동받은 '정성 글쓰기'
마음을 움직여 즉각 변화를 일으키는 '정성 강의'

# 백배의 수익으로 돌아온 '정성 환불'

　　　　　　　우리 사회는 갈수록 경쟁이 치열해지고 있다. 같은 지역, 같은 나라에 있는 사람들하고만 경쟁하는 것이 아니라 지구에 있는 모든 사람과 경쟁해야 한다. 그러다 보니 마음이 늘 쫓긴다. 본의 아니게 예민해지고 각박해진다. 내가 조금이라도 피해를 당하거나 손해를 보는 일은 참을 수도 용납할 수도 없다. 생각 없이 살면 이런 흐름에 휩쓸리게 마련이다. 어느덧 성난 고슴도치처럼 감정의 가시를 세우고 있는 나를 보게 될 것이다.

　이처럼 경쟁에서 살아남기 위해서만 살면 뜻밖의 경쟁에서 밀려날 확률이 높다. 경쟁에서 지친 사람들이 바로 내 고객이기 때문이다. 경쟁에 지친 고객에게 경쟁하느라 긴장해 조금도 여유가 없는 속내를 보이는 순간 그들은 내 곁에 머무르지 않는다. 롤프 옌센은《드림 소사이어티》에서 연대감, 친밀함, 우정 그리고 사랑을 판매하는 기업들이 미래를 선도할 것이라고 예언했다. 그러한 기업들은 사람의 마음을 움직이며, 그러한 이야기들이 사람들 사이에서 퍼져나가 명성을 쌓는다는 것이다.

## 서수진 팔레트의 정성 환불

서수진 대표는 뷰티업계 CEO들을 대상으로 강연할 때 처음 만났다. 강연에서 나는 어려운 상황에서도 포기하지 않고 DID해 위기에서 탈출한 사례를 들려주고, 외모에 자신 없어하던 내가 뷰티 전문가의 도움을 받아 멋진 스타일링을 만드는 과정에서 경험한 마음 치유 효과를 이야기했다. 뷰티업계에 몸담고 있던 그들은 감격했고, 눈물을 글썽이는 사람도 있었다. 한동안 잊었던 초심으로 돌아가게 되었다고 했다. 그때 서수진 대표도 내게 와서 고마움을 표했다.

당시 서 대표는 박준미용실 청담 본점 건물에 있는 '서수진 팔레트'를 경영하고 있었다. 아나운서나 항공승무원이 되려고 준비하는 사람들에게는 널리 알려진 유명 메이크업 전문 기업이었다. 나중에 얘기를 들어 보니 서수진 대표는 중국 유명배우들의 메이크업을 전담하여 그쪽에서는 제1호 한류 메이크업 아티스트로 자리매김하고 있었다. 미래를 준비하는 젊은이들에게 그들이 닮으면 좋을 역할 모델을 많이 소개해야 했기에 서 대표에게 인터뷰를 요청했다. 그러자 그녀는 지금이 완성된 모습은 아니지만 일하면서 어떤 노력을 기울였는지 후배들에게 들려주고 싶다며 흔쾌히 응했다. 서 대표는 명확한 철학을 가지고 있었다. 고객 한 사람 한 사람을 진심으로 정성을 다해 대했다.

어느 날 대구에서 세 사람이 서수진 팔레트를 찾아왔다. 외국계 항공사 승무원 면접시험을 준비하러 온 것이다. 그 항공사는 오픈 데이라는 독특한 면접방식을 시행했다. 서류전형으로 합격자를 미리 선별하는 것이 아니라 특정 날짜를 정해 그날 면접 현장에 온 사람들을 모두 면접하고 선발하는 방식을 취했다. 세 사람은 대구에서 새벽에 출발해 아침 8시에 메이크업 숍에 도착했다. 서 대표는 최선을 다해 메이크업을 해주었다.

그런데 일주일 뒤 그들이 그 항공사의 면접장에 들어가지 못했다는 소식을 들었다. 그들이 면접 현장에 갔을 때는 이미 문이 닫히고 사람들의 입장을 허락하지 않았다는 것이다. 보통 승무원 면접이 있는 날은 새벽 5시부터 메이크업을 해야 아침 일찍 면접장에 들어갈 수 있다고 했다. 그들이 면접시험 정보를 제대로 알지 못한 것이다. 서수진 대표는 본인이 잘못한 것은 아니지만 면접을 잘 보라고 메이크업을 해주었는데 아예 면접장에도 들어가지 못했다니 몹시 안타까웠다.

서 대표는 직원을 시켜 그 고객들에게 전화해서 면접을 보지 못했으니 환불해주겠다고 했다. 전화를 받은 고객들은 너무나도 놀라워했다. 메이크업을 해준 쪽에서 잘못한 것이 아닌데 환불을 해주겠다니. 고객들은 환불은 안 해주어도 되니 다음 시험 볼 때 메이크업을 해달라고 했다.

## 환불 고객, 나를 위한 마케터가 되다

그 일이 있은 지 얼마 되지 않아 놀라운 일이 벌어졌다. 대구와 부산 일대에서 승무원 지망생 수십 명이 '서수진 팔레트'로 메이크업을 하러 온 것이다. 그 뒤에도 많은 지방 고객이 다녀갔다. 환불 안내 전화를 받은 고객들이 입에 침이 마르도록 주변에 이야기한 결과다. 메이크업을 하고도 면접을 보지 못한 고객이 안타까워 환불하려 한 것인데 그것이 수백 배의 수익으로 돌아온 것이다. 금전적으로는 손해일지 모르지만 고객의 마음을 진심으로 위로하고자 한 그 정성이 훨씬 큰 수익으로 연결된 것이다. 이 이야기를 듣는 동안 내 마음도 따뜻해졌다.

경쟁이 치열해지고 경영환경이 어려워지면서 기업들은 이른바 '입소문 마케팅'에 돈을 많이 쏟아 붓는다. 아르바이트생을 고용해 각종 블로그와 카페에 긍정적인 내용의 후기를 쓰게 하고, 파워 블로거들과 짜고 여론을 만들어내기도 한다. 하지만 진실은 언젠가 드러난다. 링컨은 말했다.

"일시적으로 모든 사람을 속일 수 있고, 한 사람을 오랫동안 속일 수는 있지만, 모든 사람을 영원히 속일 수는 없다."

　흥부가 제비 다리를 고쳐주어 복을 받았다고 해서 제비 다리를 일부러 부러뜨린 뒤 치료해준다고 나선 놀부까지 복을 받는 것은 아니다. 그냥 진심으로 정성을 다해야 한다. 무엇을 바라서가 아니라 그 사람이 잘되기를 진심으로 바라면서 정성을 다해보자. 그 피드백이 바로 나에게 오지 않더라도 그 마음은 세상을 돌고 돌아 누군가에게 새로운 모습으로 전해질 것이다. 고객에게 자신이 해준 콘셉트에 맞는 립스틱이 없을까 봐 따로 준비한 용기에 그 립스틱과 면봉을 담아준다는 서수진 대표. 그의 '정성'을 보며 그가 꿈꾸는 대로 마음까지 치유하는 세계적인 마음 치유 메이크업 아티스트가 될 것이라는 믿음이 들었다.


　　　　　진심으로 정성을 다해보자.
　　　　　그 마음은 세상을 돌고 돌아 누군가에게
　　　　　새로운 모습으로 전해질 것이다.

# 거래처의
# 마음을 훔친
# 상황맞춤형 '정성 선물'

내가 살아 있기에
새롭게 만나는 시간의 얼굴
오늘도 나와 함께 일어나
초록빛 새 옷을 입고
활짝 웃고 있네요
하루를 시작하며
세수하는 나의 얼굴 위에도
아침 인사를 나누는
식구들의 목소리에도
길을 나서는
나의 신발 위에도
시간은 가만히 앉아
어서 사랑하라고 나를 재촉하네요
살아서 나를 따라오는 시간들이
이렇게 가슴 뛰는 선물임을 몰랐네요

-이해인, 〈시간의 선물〉 중에서

살다보면 불공평하다는 생각이 들 때가 있다. 그런데 누구도 부정하지 못하는 공평한 것이 하나 있다. 그것은 하루라는 시간이다. 모든 사람에게 똑같이 주어진 하루를 내 생각과 행동으로 어떻게 구성하고 무엇으로 채우느냐에 따라 삶의 질이 달라진다. 시간은 선물이다. 선물은 누군가 나에게 준 것이다. 나를 생각하고 나를 위해서 준 것이므로 선물을 받는 순간 기쁘고 행복하다. 그 귀한 선물에 감사해하며 허투루 보내지 않고 알차게 꽉꽉 채워간다면 행복이라는 또 다른 선물을 받게 될 것이며, 인생은 훨씬 아름다워질 것이다.

내가 다른 사람에게 주는 선물 역시 마찬가지다. 시간만큼 귀한 것은 아니겠지만, 진심으로 상대를 위하는 마음이 담겨야 한다. 그것이 바로 정성 선물, 그 무엇과도 바꿀 수 없는 마음이다.

## 삼성 이건희 회장의 김밥 조문

몇 년 전 신문을 읽다가 특이한 기사를 보았다. 열 줄밖에 안 되는 짧은 내용이었지만 호기심이 생겼다. 교보생명 창업자인 신용호 회장이 타계했는데, 삼성그룹의 이건희 회장이 빈소에 김밥을 보냈다는 기사였다. 언뜻 이해되지 않았다.

'이건희 회장이라면 우리나라에서 돈이 가장 많은 사람인데 그런 사람이 본인만큼이나 부자인 교보생명 회장 빈소에 '김밥'을 보내다니… 조의금을 엄청 많이 보내는 것이 맞는 것 같은데….'

나는 신문을 내려놓고 생각에 잠겼다.

'왜 그랬을까?'

한참 이리저리 생각하다가 무릎을 탁 쳤다. 세계적인 대그룹의 회장이 이렇게까지 세심하게 생각하는구나 싶어 깜짝 놀랐다. 내 짐작은 이랬다. 교보생명의 회장이 타계했으니 직원들 말고도 관계사와 거래처 그리고 사회 각 분야의 조문객 등 얼마나 많은 손님이 장례식장에 오겠는가? 유족은 자리에 엉덩이 붙이고 앉아 있을 틈이 없을 것이다. 먹을 것인들 제대로 넘어가겠는가. 그런데 김밥은 밥상을 차리고 앉을 필요도 없이 어디서든 간편하게 먹을 수 있다. 더군다나 이건희 회장의 지시로 신라호텔에서 준비했으니 얼마나 정성을 다했을까. 아마도 유족은 그 김밥을 받은 순간 눈물이 핑 돌았을 것이다. 어떤 무거운 부의 봉투보다 소중하게 생각되었을 것이다.

우리는 누군가 세상을 달리했다는 소식을 들으면 으레 부의 봉투를 준비하거나 조화를 보낸다. 그런 통상적 조의 관행을 깬 이건희 회장의 '김밥 조문'은 내게 깊은 깨달음을 주었다. 그 뒤 나는 관습적으로 선물하는 습관을 깨려고 노력하게 되었다.


## 정성과 배려를 담은 선물,
## 게살몽땅과 새벽의 치킨 배달

브랜드 전문가들이 꼭 보는 잡지 〈유니타스 브랜드〉를 발행하는 회사가 사무실을 이전했다. 그전 같으면 축하 화환이나 화분을 보냈을 것이다. 그러나 이번에는 그렇게 하지 않았다.

그 회사가 이전하고 일주일이 지난 뒤 오후 4시경, '게살몽땅' 피자 5판을 권민 대표 앞으로 보냈다. 게살몽땅 피자는 당시 배우 문근영이 광고하던 인기가 좋은 프리미엄 피자였다. 한 시간쯤 지나 권민 대표에게서 전화가 왔다.

"송 대표님! 지금 직원들이 게살몽땅을 피나게 먹고 있어요. 정말 고맙습니다. 직원들이 아주 좋아하네요!"

전화를 받고 웃음이 절로 나왔다.

'아, 이거구나!'

회사가 이전하면 적어도 일주일은 직원들이 정리정돈을 하느라 힘들다. 책상을 이리저리 옮기고 각종 집기와 비품도 들여놓고 청소도 하다 보면 짜증이 난다. 그런데 거래처에서 화분을 보내왔다고 해보자. 화분을 옮기는 사람은 바로 직원들이다. 본인들 짐 정리하기도 힘들어 죽겠는데 외부에서 온 화분까지 옮기려면 그 기분이 어떨까. '어이구, 차라리 돈으로 주지' 하는 생각이 들 것이다.

이전하고 일주일이 지난 시점, 오후 4시의 사무실 상황은 대략 이렇다. 정리정돈도 어느 정도 끝나 속이 좀 시원해졌지만 일주일 동안 쌓인 피로로 조금 피곤하다. 점심 먹은 지도 꽤 지나서 배가 출출할 시간이다. 바로 이때 대표님 앞으로 피자가 배달된다면? 대표는 배달된 피자를 직원들과 같이 둘러앉아 먹을 것이다. 그것도 그냥 피자가 아니라 문근영이 광고하는 '게살몽땅'을. 직원들은 신나게 웃고 떠들며 먹다가 물을 것이다.

"이거 누가 보냈어요?"

"지난번에 DID 강의를 했던 송수용 대표님이 보낸 거야."

직원들 마음속에서는 송수용이라는 이름과 '게살몽땅'이 같이 오버랩된다.

'이렇게 맛있는 피자를 보내주신 분이 DID 송수용 대표구나.'

그 뒤 내가 유니타스 브랜드를 방문했을 때 모든 직원이 환한 미소를 보내며 인사했다.

"대표님, 지난번에 게살몽땅 정말 맛있게 먹었습니다. 배고플 때 먹으니까 더 맛있더라고요. 감사합니다."

세상에! 피자 몇 판으로 전 직원이 나를 기억하고 좋아하게 된 것이다.

한번은 우리나라 축구 국가대표팀이 중요한 경기를 하는 새벽에 거래처 담당자 집으로 치킨과 맥주를 배달시켜준 적이 있다. 요즘은 업체마다 24시간 배달하는 시스템을 갖춰서 편리하다. 전화 한 통이면 어디로든 배달해달라고 할 수 있으니 말이다. 다음 날 그 담당자에게서 전화가 왔다.

"아니, 어떻게 새벽에 치킨을 보낼 생각을 하셨어요? 깜짝 놀랐어요. 덕분에 애들이랑 아주 잘 먹었습니다. 고맙습니다."

거래처 담당자에게 큰 선물을 준 것은 아니었지만 그는 진심으로 고마워했다. 상대방의 상황을 배려한 선물은 아주 작은 것이라도 마음을 움직인다. 그렇게 배려하기까지의 정성을 알아주기 때문이다. 반면 관습적인 선물은 선물로서 제 기능을 하지 못한다. 설이나 추석 명절에 갈비를 보내고, 이전한 사무실에 화분을 보내는 것은 너무 뻔하다. 물론 하지 않는 것보다는 낫지만 했다고 해서 상대방이 나를 특별하게 기억해주지는 않는다. 관습대로 선물했으므로 관습적인 감사 인사 정도를 받을 것이다.

이제 작은 선물 하나를 하더라도 남들이 하는 대로 하지 말고 조금만 더 관심을 기울여 정성을 쏟아보자. 상대방의 상황을 잘 생각해보고 그들에게 정말 필요한 것을 선물하자. 상대방은 나의 정성과 진심을 알아볼 것이다. 나를 기억하고 특별하게 생각할 것이다. 그것은 훗날 더 큰 선물로 돌아올 것이다. 기쁨, 감사, 행복이라는 이름으로.

> 그들에게 정말 필요한 것을 선물하자.
> 상대방은 나의 정성과 진심을 알아볼 것이다.
> 그것은 훗날 더 큰 선물로 돌아올 것이다.
> 기쁨, 감사, 행복이라는 이름으로.

# 사소한 음식을 수백억짜리 황금 메뉴로 만든 '정성 레시피'

## 위기의 발단이자 성공의 가능성, 사소함

2012년, 대한민국 우주시대를 열어갈 희망인 우주선 나로호의 3차 발사가 계속 연기되었다. 우주선의 엔진에 문제가 생긴 것이 아니라 발사대의 작은 부속인 어댑터블록이라는 러시아산 부품이 문제였다. 언제나 큰 위기는 사소한 일에서 비롯된다.

'깨진 유리창의 법칙'이라는 것이 있다. 아무리 웅장하고 멋진 건물을 자랑하는 기업이라도 그 사이에 약간 깨져 있는 유리창을 방치한다면 그 미래가 결코 긍정적일 수 없다는 것이다. 사소한 것은 생각만큼 사소하지 않다. 사소하다고 해서 문제를 방치하면 감당하지 못

할 위험이 닥쳐올 수도 있다.

반면, 사소하지만 중요한 것을 빠르게 파악하면 성공 가능성을 볼 수 있다. 예를 들면 세스코가 그렇다. 바퀴벌레는 특히 여성들이 징그러워한다. 사람들은 대부분 바퀴벌레를 사소하게 생각한다. 세스코는 이 사소한 벌레를 잡아주며 800억 원이 넘는 매출을 올리고 있다. 뉴욕 경찰청에서 강력범죄를 줄이려고 가장 먼저 한 일은 지하철 벽의 낙서를 지우는 것이었다. 그리고 술 먹고 행패를 부리거나 담배꽁초를 함부로 버리는 행위 등 기초질서 위반 행위를 철저히 단속했다. 그 결과 전체 범죄율과 함께 강력범죄율이 현저하게 줄어들었다.

지금은 일회용 면도기를 편리하게 사용하지만 처음부터 일회용 면도기가 있었던 것은 아니다.

1895년 어느 날 아침, 미국의 한 세일즈맨이 수염 주위에 거품을 잔뜩 바르고 3인치나 되는 면도칼을 들고 면도하기 시작했다. 그런데 칼날이 너무 무뎌져서 그대로 면도할 수 없었다. 제대로 면도하려면 면도칼을 가죽띠에 대고 한참 문질러서 날을 세워야 했다. 순간 그의 머릿속에서 번개처럼 아이디어가 떠올랐다. '면도날을 문질러서 갈 필요 없이 싼값에 계속 새 것을 쓸 수 있다면 얼마나 편리할까!' 질레트는 이 사소한 아이디어를 놓치지 않고 일회용 면도기를 개발해 지금은 세계적인 기업이 되었다. 이렇게 사소함은 때로 위대한 비전의 원천이 된다.

## 위기의 순간, 가난하게 살 수밖에 없는 이유를 깨닫다

〈유니타스 브랜드〉 권민 대표가 주관하는 한 모임에서 사소함으로 시작해 위대한 꿈을 향해 도전하는 또 다른 사람을 만났다. 권 대표가 직접 나와 그를 서로 소개했다. 젊은 청년을 위한 교육 프로그램에서 꼭 필요한 강의를 해주어야 할 명강사라고 했다. 그의 첫인상은 깔끔하고 날렵했으며 겸손해 보였다. 악수하는 손에도 따뜻한 힘이 들어가 있었다. 눈에서는 선명한 빛이 났다. 처음부터 신뢰감을 주었다. 잠시 서서 간단히 인사를 나누었다.

모임이 끝나고 연구실로 돌아왔는데 그의 모습이 머릿속에서 떠나지 않았다. 그래서 그에 대해서 알아보았다. 범상치 않은 첫인상대로 그는 놀라운 삶을 살아왔다. 가장 놀란 것은 그가 남들에게는 지극히 사소해 보이는 작은 것으로 위대한 비전을 일구어왔다는 것이다. 그가 바로 '석봉토스트'의 김석봉 대표다.

아침을 제대로 먹지도 못하고 출근하는 많은 직장인이 전철역이나 버스정류장 근처에서 빠르고 편하게 먹을 수 있는 토스트를 즐긴다. 나도 1,800원짜리 계란야채 토스트 한 개에 따끈한 두유를 먹고 출근하는 일이 제법 있었다. 거리표 토스트는 대개 달콤하고 맛있다. 설탕을 잔뜩 뿌리고 조미료를 적절히 첨가하기 때문이다. 보통 이런 종류의 거리 음식은 허름한 포장마차에서 고생을 많이 하며 살아온 것 같은 아주머니나 아저씨들이 무표정한 얼굴로 판다. 그분들은 어렵사리 마련한 작은 포장마차에서 생계를 유지하려고 애쓰는 것이다. 그곳에서 토스트를 사먹는 사람들도 특별한 기대를 하거나 생각을 하지 않고 그저 빨리 먹고 출근하기에 바쁘다. 그런데 아무것도 아닌 것처럼 보이는 토스트로 체인점을 수백 개나 내고 해외로까지 진출한 사람이 바로 김석봉 대표다.

그는 6남 2녀 중 넷째로 태어났다. 너무 가난해 밀가루를 배급받아 먹고 산으로 들로 먹을 것을 찾아다녔다. 옷은 밀가루를 담았던 광목포대로 만들어 입었다. 초등학교밖에 나오지 못해 용접을 15년 동안 했는데도 승진할 수 없었다. 그는 천신만고 끝에 유치원교사인 아내를 중매로 만났다. 아내는 그가 검정고시로 중·고등학교를 마치고 대학교까지 졸업할 수 있도록 뒷바라지했다.

그 뒤 아내는 전 재산인 200만 원이 든 통장을 그에게 주면서 자기는 이제부터 일을 하지 않을 테니 가족을 먹여 살리라고 통보했다. 그동안은 아내가 유치원, 어린이집, 놀이방을 하면서 생계를 유지한 것이다.

아내에게서 최후통첩을 받은 그는 지금까지 살아온 자신의 인생을 돌아보았다. 그리고 자신이 가난하게 살 수밖에 없는 이유를 깨달았다. 잠과 게으름 그리고 거지근성 때문이었다. 하루에 잠을 10시간 이상 잤다. 무슨 일이든 제시간에 마치는 법이 없었다. 중요한 자리에도 꼭 늦었다. 거지근성이 몸에 배어 얻어먹는 것이 더 편했다. 이 세 가지가 자신이 지난 40년 동안 거지처럼 살 수밖에 없도록 만들었음을 비로소 깨달았다.

## 사소한 토스트,
## 수백억짜리 황금메뉴 되다

그는 목숨을 걸고 다시는 그렇게 살지 않겠다고 결심했다. 그리고 절박한 심정으로 일을 찾아 나섰다. 6개월 동안 조사한 끝에 찾은 아이템이 '토스트'였다. 그는 토스트에 모든 것을 걸기로 했다. 토스트에 관한 한 최고가 되기로 마음먹었다. 최고가 되기로 마음먹은 이상 남들과 무조건 달라야 했다. 우선 옷부터 다르게 입었다. 아무 특징 없는 옷을 벗어버리고 깔끔하게 유니폼을 입었다. 그냥 옷을 입고 있을 때는 다소 무시하는 태도로 대하던 손님들이 "어느 호텔에서 근무하셨어요?"라고 묻기 시작했다.

다음은 표정이었다. 토스트를 만드는 데만 집중하다 보니 얼굴이 경직되어 있다는 것을 깨달았다. 그 뒤 거울을 보며 윗니 8개가 다 보일 때까지 웃는 연습을 했다. 항상 그렇게 웃고 있으니 시청 앞을 지나가던 외국인 관광객들이 들어왔다. 웃으며 들어오는 외국인들을 위해 일본어와 중국어, 영어로 토스트 판매에 필요한 60문장씩을 완전히 외워 그들의 언어로 대화했다. 외국인들은 열광했다. 무엇보다 심혈을 기울여 정성을 들인 것은 토스트의 맛과 질이었다. 보통 거리의 토스트는 약간 검게 탄 식빵에 설탕을 잔뜩 뿌리고 케첩이나 양념도 듬뿍 발라준다. 그러면 먹는 순간에는 맛있게 느껴진다.

그는 식빵을 검게 태우는 그릴을 먼저 바꾸기로 했다. 15년 동안 용접한 경험을 살려 스테인리스 재료로 새로운 그릴을 구상했다. 주방기구회사에 새로운 개념의 그릴을 제작해달라고 했더니 100만 원을 달라고 했다. 보통 7만 원이면 살 수 있는 그릴에 100만 원을 투자했다. 일반 그릴은 시커매 보이지만 그가 새롭게 만든 그릴은 유리처럼 광택이 났다. 새로운 그릴로 실험에 실험을 거듭해 식빵의 한쪽 면은 바삭바삭하면서 노릇노릇하게 구워지고 반대쪽은 부드러운 질감을 유지하는 조리법을 개발했다. 그리고 건강에 좋지 않은 설탕 대신 야채에서 단맛을 낼 수 있는 레시피를 찾아내 토스트에 설탕을 쓰지 않았다. 조미료도 넣지 않았다. 트랜스지방이 75%인 마가린을 사용하지 않고 빵을 구웠다. 야채에서 매운맛을 추출해 최초로 매운맛 토스트를 출시했다. 그가 찾아낸 레시피로 탄생한 토스트는 그야말로 '웰빙' 토스트가 됐다.

그리고 마침내 하루에 300여 명이 가게를 찾아오기에 이르렀다. 거리의 한 뼘 가게에서 깔끔한 유니폼을 입은 주인이 늘 환하게 웃으며 다른 곳에서는 볼 수 없는 웰빙 토스트를 맛있게 만들어주니 소문이 꼬리에 꼬리를 물었다. 외국인들과 그들의 언어로 소통하니 외국 본토에도 소문이 났다. 관광 가이드북에 그의 매장이 소개되었다. NHK와 간사이 텔레비전에서 인터뷰를 하러 왔다. 오스트레일리아와 캐나다 방송국에서도 취재를 왔다.

국내 언론도 마찬가지였다. 연봉 1억 원이 넘는 한 평 가게의 전설로 방송에도 소개되었다. 어느 날 근처에 있던 호텔의 총지배인이 찾아와 인사를 했다. "이렇게 저희 옆에 계셔서 정말 영광입니다." 이유를 물으니 이 토스트를 먹고 가려고 그 호텔에 숙박하는 관광객이 엄청 늘고 있다는 것이었다. 김석봉 대표는 이러한 과정을 헛되이 보내지 않고 잘 발전시켜 지금은 수백 개 체인점을 둔 프랜차이즈 기업을 일구어냈다. 이제 그는 기업들이 강연을 듣고 싶어하는 명강사의 반열에 올랐다. 그는 자신의 혼을 심은 '정성 레시피'로 사소한 음식인 토스트를 수백억 원짜리 황금 메뉴로 탈바꿈해놓은 것이다.

내가 고려대에서 석사 과정을 공부할 때 수업이 끝나면 꼭 들러 사 먹던 음식이 '영철버거'였다. '영철버거'도 마찬가지였다. 흔한 햄버거를 남들과 완전히 차별화된 레시피로 만들어 연 수억 원의 수익을 올렸다. 우리나라에서 가장 흔하게 팔리는 거리 음식인 떡볶이도 마찬가지다. 그 흔한 떡볶이로 누가 1,000억 원의 매출을 올릴 수 있다고 상상이나 했을까. 그런데 정말로 그런 곳인 '아버지 튀김 딸 떡볶이'가 나타났다.

사소함은 결코 사소하지 않다. 사소함은 위대함의 발원이다. 사소함을 위대함으로 비상하게 하는 힘, 그것이 바로 '정성'이다. '정성'이 들어가면 1,000원짜리 토스트가 수백억 원짜리 아이템이 된다. '정성'이 들어가면 떡볶이로 1,000억 원을 벌 수 있다. 돈이 되는 아이템이 없는 것이 아니다. 아이템은 널려 있지만 그 아이템을 돈이 되게 하는 '정성'이 없는 것이다. 나는 어떤 사소함을 위대함으로 변모시킬 것인가? 내게는 그런 정성이 있는가?

> 사소함을 위대함으로 비상하게 하는 힘,
> 그것이 바로 '정성'이다.

# 고객이 다시 오지 않고는 못 배기는 '정성 서비스'

### 사돈어른을 모시는 마음으로

나는 소프트웨어를 개발하는 IT 회사에 있다가 여러 인연으로 갈비 전문 대형매장 몇 군데를 직영하는 '강강술래'에 기획이사로 가게 되었다. 출근 첫날 수저를 개별 포장한 포장지에 쓰여 있는 문구를 보고 깜짝 놀랐다. '사돈어른을 모시는 마음으로'라고 적혀 있었다. 이 문구를 보는 순간 온몸이 감전당한 느낌이 들었다. 단순히 규모가 큰 식당이라고만 생각했는데 대기업들의 광고에서도 보지 못한, 깊이 있는 카피가 있었던 것이다. 내 집에 찾아온 사돈어른은 진심을 담아 정성으로 모셔야 한다. '강강술래'는 손님 한 분 한 분을 사돈어른 대하듯 모시겠다는 것이다.

그곳에서 일한 지 얼마 되지 않아 놀라운 장면을 보았다. 할머니 한 분이 문을 열고 들어오셨다. 여직원이 얼른 뛰어나가더니 활짝 웃으며 먼 길 떠났다 집에 오랜만에 돌아온 가족을 맞이하는 것처럼 반가운 목소리로 "할머니, 또 오셨네요. 이리 오세요" 하며 안내를 했다.

"할머니, 그동안 잘 지내셨죠. 얼굴이 건강해 보여서 저도 기분이 좋아요. 오늘은 뭘로 드시겠어요?"

"어! 할머니, 김치 다 드셨네요. 저희가 직접 정성들여 담가서 더 맛있죠. 금방 갖다 드릴게요. 잠깐만 기다리세요."

할머니는 식사를 마치고 가시며 그 여직원의 손을 꼭 잡고 말했다. "정말 고마워요. 난 여기만 오면 가기가 싫어요. 내 조만간 또 오리다."

옆에서 그 모습을 보는데 경외감마저 들었다. 그래서 나중에 그 여직원과 대화를 나누어보았다.

"아니, 음식 나르고 서빙하다 보면 다리도 아프고 힘들 텐데 어떻게 그렇게 늘 행복하게 웃으면서 손님들에게 친절하게 대할 수 있어요?"

"아, 이사님. 그거 별거 아니에요. 그냥 제가 좋아서 그러는 거예요."

"아니, 뭐가 그렇게 좋은데요?"

"요즘 세상이 살기가 얼마나 힘들어요. 손님들이 그렇게 힘들게 지내다가 제 테이블에 오셨을 때 제가 친절하게 해드리고 맛있는 강강술래 음식을 대접하면 다들 얼마나 좋아하는데요. 손님들이 웃고 떠드는 모습만 봐도 제가 더 기분이 좋거든요. 그러니까 제가 좋아서 그렇게 하는 거지요."

나는 그 직원의 대답을 듣고 가슴이 먹먹해졌다. 내가 기획이사라는 사실이 부끄러웠다. 현장에서는 저런 마음으로 고객을 모시는데 나는 매일 숫자에만 매달려 있었다. 내가 일하는 곳이 어떤 가치를 가지고 있는지, 그 일이 어떤 의미가 있는지 제대로 고민조차 해보지 않고 기획이사라는 타이틀을 달고 책상머리에 앉아 숫자타령만 했다.

그 여직원과의 대화는 단순히 음식을 팔아 돈을 버는 곳이 식당이라 여기던 내게 직업의 의미와 가치를 다시 돌아보게 하는 중요한 계기가 되었다. 이후 나는 내 일의 가치와 의미에 대해 진지하게 생각해보았다. 그리고 회사의 부서 명칭을 전부 바꿨다. 서빙을 담당하는 영업부는 감동나눔부, 음식을 만드는 조리부는 감동창조부, 주차관리팀은 감동시작팀 그리고 기획실은 감동지원실로 말이다.

우리는 단순히 영업을 하는 것이 아니다. 치열한 경쟁사회에서 몸과 마음이 지칠 대로 지친 고객들에게 마음에서 우러나오는 따뜻한 웃음과 정성을 다한 우리만의 음식으로 감동을 나누는 것이다. 그 감동을 경험한 고객들은 웃음과 기운을 회복하고 삶의 에너지를 충전하여 다시 즐거운 마음으로 삶의 현장으로 돌아가야 한다. 그것이 바로 식당의 존재 이유이자 서비스의 본질이다.

## 몸과 마음이 기억하는
## 정성 서비스

수요가 공급을 초과하는 시대에는 제품이 우선이었다. 대량생산 시스템을 통해 물건을 만들어 유통망에

뿌리기만 해도 이익이 났다. 그래서 서비스라는 개념이 거의 없었다. 하지만 지금은 정반대다. 상품이 넘쳐나고 공급은 수요를 훨씬 초과한다. 한 가지 종목에서 수많은 브랜드가 경쟁한다. 이제는 모든 것이 서비스로 결정되는 시대가 되었다. 서비스는 경험되는 것, 사람의 몸과 마음에 그대로 기억되는 것이다. 그래서 따뜻함, 편안함, 만족감 등을 한번 경험하면 사람들은 그곳을 다시 찾는 것이다.

석사 논문을 쓰면서 음식점 선택에 관한 소비자의 가치를 연구했다. 강강술래 상계점 고객 30대와 40대 남성과 여성 각 10명씩 전체 40명을 놓고 개별 심층 인터뷰를 했다. 우선 음식점을 선택할 때 무엇을 고려하는지 질문했다. 답변을 하면 그 고려 요소를 왜 중요하게 생각하는지 또 질문했다. 다음으로 그 이유가 본인에게 왜 의미가 있는지 물었다. 이렇게 반복해서 질문하면 마지막에는 그 사람이 추구하는 가치를 알 수 있다.

흥미롭게도 남성과 여성이 추구하는 가치가 조금 달랐다. 남성과 여성에게서 공통으로 발견된 가치는 우월감과 만족감이었다. 즉 자신이 우월하다는 느낌과 만족스러움을 느끼게 해주는 식당을 자주 가게 된다는 것이다.

한편 여성은 경제성, 남성은 편리성과 사회적 성취 그리고 편안함을 추구하는 것으로 나타났다. 여성은 이왕이면 만족감을 주면서도 저렴한 곳을 좋아하고, 남성은 편리하고 편안하면서도 비즈니스를 하는 데 도움이 되는 곳을 찾는다는 것이다. 서비스는 바로 고객들의 이러한 가치를 충족해주는 것이다. 자신의 가치가 충족되지 않은 곳이나 상품은 고객들이 외면하기 마련이다. 할머니가 금방 다시 방문하겠다고 결심하게 만든 강강술래 직원의 서비스는 그녀가 진심으로 정성을 다했기 때문에 가능했다. 그녀의 진심이 할머니에게 가족과 같은 따뜻함과 친밀함의 가치로 전달된 것이다.

## 고객의 기대를 뛰어넘는 서비스

애플의 CEO였던 스티브 잡스는 고객들에게 최고의 서비스를 제공하려고 벤치마킹 모델을 찾았고, 당시 선정된 기업이 바로 리츠칼튼호텔이었다. 리츠칼튼호텔의 '서비스의 3단계' 강령은 이미 세간에 널리 알려졌다.

1. 반드시 고객의 이름을 부르며 따뜻한 마음으로 맞이한다.
2. 고객이 표현하지 않은 요구까지 만족시킨다.
3. 고객의 이름을 부르며 따뜻한 감사의 작별인사를 한다.

눈에 띄는 것은 두 번째 내용이다. 고객이 말하기 전에 요구를 만족시킨다는 것은 고객의 모든 사항에 관심을 갖는다는 뜻이다. 리츠칼튼호텔에서는 단추가 떨어진 와이셔츠를 세탁해달라고 맡기면, 따로 말하지 않더라도 단추를 달아서 돌려준다. 어떤 고객이 만성두통이 있어 두통약을 한 번 찾았으면 그 고객은 다른 도시의 리츠

칼튼호텔에 투숙했을 때 방에서 두통약을 발견할 것이다. 고객이 말하지 않아도, 미리 표현하지 않아도 고객에게 필요한 것이라고 파악되면 리츠칼튼호텔은 그것을 준비한다. 한마디로 고객의 기대를 뛰어넘는 서비스를 제공하는 것이다.

정성을 다하는 서비스는 고객에게 잘 보이려고 쇼를 하는 것도, 고객의 눈치를 보는 것도 아니다. 다만 고객이 만족하고 행복하기를 진정으로 바라다 보니 어느 순간 고객의 기대를 훌쩍 뛰어넘는 것이다. 경쟁이 치열해지면서 모든 기업이 새로운 고객을 확보하려고 천문학적인 마케팅 비용을 쏟아 붓는다.

하지만 실적은 의문스럽다. 최고의 마케팅은 현재 거래하는 고객이 다른 사람들의 손을 붙들고 다시 오게 하는 것이다. 현재의 고객은 잡아놓은 고기라고 생각하면서 신규 고객을 확보하려고 한다면 이미 갖고 있는 마케팅 자원을 내다버리는 거나 마찬가지다. 고객이 한번 오면 다시 오지 않고는 못 배기는 서비스, 고객의 가치를 진심으로 충족해주는 '정성'을 보이는 것이 바로 최고의 마케팅이다.

> 정성을 다하는 서비스란
> 고객의 눈치를 보는 것이 아니다.
> 고객이 만족하고 행복하기를
> 진정으로 바라는 것이다.

# 연봉 3억, 고객이 나의 실적을 염려하도록 만든 '정성 세일즈'

### 세일즈가 없다면
### 기업도 없다

나는 생계에 대한 두려움이 없다. 무엇이든 판다는 확신이 있기 때문이다. 사회에 처음 나왔을 때는 종이를 팔았다. 다음엔 소프트웨어, 그다음엔 음식, 이후에는 음식물 처리기 그리고 지금은 내 경험과 지식을 판다. 성격이 서로 다르지만 그때마다 새로운 세일즈 기록을 남겼으며 나만의 노하우와 프로세스를 만들었다.

  제지회사에서 종이를 팔 때는 천둥 번개가 치고 폭우가 쏟아져 영업사원 대부분이 거래처를 방문하지 않을 때 따끈한 붕어빵을 사들고 거래처 담당자를 찾았다. 소프트웨어 회사에서는 막 개발된 제품을 팔려고 1년에 한 번씩 발간되는 기업목록을 놓고 무작정 전화해 수십 군데를 접촉한 끝에 3,000원짜리 자일리톨 껌을 '뇌물'이라며 들고 가서 2,000만 원짜리 첫 계약을 따냈다. 식당에서 근무할 때는 불고기 포장상품 판매가 저조해 하루 8만 원어치밖에 못 팔 때 2절지 우드락에 매직으로 판매 홍보 문구를 적어서 매장의 전 테이블을 돌며 직접 상품을 설명하며 하루 800만 원의 매출을 올렸다.

음식물 처리기 회사에서는 쇼호스트를 섭외하여 아파트 부녀회에서 홈쇼핑 방송을 하는 것처럼 제품을 소개해 단체 계약을 유도했다. 강의를 처음 시작할 때는 교육 분야 담당자들에게 나를 알리기 위해 천호식품의 김영식 회장을 초청해 1인당 2만 5,000원씩 받는 합동세미나를 기획하고 〈매일경제신문〉에 5단 통광고를 해서 430명이 오도록 했다. 그렇게 세일즈해야 한다는 매뉴얼이 있었던 것은 아니다. 다만 정성을 다해 주어진 제품을 판매했을 뿐이다.

세일즈는 기업의 피인 현금을 창출하는 최종 행동이다. 마케팅은 세일즈를 통해 돈이 들어오게 하는 것이다. 기획은 세일즈가 잘되도록 지원 시스템을 효과적으로 조율하는 것이다. 관리는 세일즈로 벌어온 돈을 효율적으로 배분하는 것이다. 세일즈가 되지 않으면 이러한 주변의 모든 활동은 무의미하다. 피가 돌지 않는데 뼈와 근육이 무슨 소용이란 말인가.

그럼에도 취업하려는 많은 이에게 어떤 일을 하고 싶으냐고 물으면 세일즈를 회피한다. 세일즈를 힘들고 수준이 떨어지는 업무라고 생각하는 경향이 있다. 책상 앞에 기획서를 만들고 멋지게 프레젠테이션하는 일을 찾거나 아쉬운 소리를 하지 않아도 될 것 같은 관리 업무를 선호하니 안타까울 뿐이다.

 젊은 시절 양복을 멋지게 차려입고 깨끗한 건물에서 자신 있게 펜을 굴리던 분들이 50대 중반에 은퇴하고서 일자리를 구하지 못하거나 자영업을 하다가 평생 모아둔 재산을 한번에 날리는 모습을 종종 보았다. 젊어서 아쉬운 소리 하지 않는 일만 찾아다니던 사람들이 늙어서 아쉬운 소리만 하게 되는 것이다.

## 연봉 3억 원이 넘는
## 세일즈맨의 영업 비결

 최근에는 경제환경이 어려워지고 경쟁이 격화되면서 세일즈하는 사람들이 어려움을 겪고 있다. 그러다 보니 회사를 이리저리 옮겨 다니는 사람들이 많다. 그런데 힘들다고 그것을 피해서 옮겨 다니기 시작하면 문제가 더 심각해진다. 다른 곳에 간다고 영업하면서 직면해야 할 상황 자체가 좋아지는 것은 아니기 때문이다.

 스카우트되어 옮기는 것은 한 단계 올라가는 것이다. 하지만 힘들어서 옮기는 것은 수평으로 이동하는 것이 아니라 오히려 한 단계 내려가는 것이다. 이렇게 몇 군데 옮기고 나면 더는 갈 곳이 없을 뿐 아니라 그 분야 사람들도 다 알게 된다.

 그런데 중요한 것은 주위 상황이 아무리 어려워도 돈을 버는 사람들이 있다는 것이다. 그들은 어떤 어려운 상황이 발생해도 크게 흔들리지 않고 오히려 꾸준히 실적을 쌓아간다. 사회경제적 환경이 불안정해지면 빈익빈부익부 현상이 나타나기 마련이다. 정해진 돈으로 생활해야 하기 때문에 자신이 우선순위를 두는 분야와 사람에게 지출을 집중하기 때문이다. 판매 실적이 지속적으로 올라가는 사람들은 바로 이 우선순위에서 선택을 받는다.

세일즈 부서를 대상으로 강의를 해달라는 의뢰가 많이 들어와 영업 분야에서 탁월한 실적을 내는 사람들에 대해 연구한 적이 있다. 그때 몇 년째 연봉 3억 원 이상을 받고 있는 영업사원의 고객과 통화를 했다.

"회장님, 어떤 이유로 그렇게 큰 금액을 이 영업사원하고 지속적으로 계약을 하십니까?"

"아! 그 친구요? 그 친구는 영업하는 사람이 아니에요. 그 친구는 나이는 어리지만 제 멘토예요. 저는 지금까지 살아오면서 그렇게 진실한 친구를 본 적이 없거든요. 가족에게 하지 못하는 얘기도 그 친구한테는 마음 놓고 할 수 있습니다. 그 친구와는 인생을 함께한다고 생각해요."

영업사원에게 영업하는 사람이 아니라니 놀라웠다. 가족에게도 하지 못하는 이야기를 그 영업사원하고는 할 수 있다니 더 놀라웠다. 연봉 3억 원이 넘는 그 영업사원을 연구하면서 알게 된 비결은 '영업하지 않는 것처럼 영업한다는 것'이었다. 그는 가만히 있어도 신뢰감이 느껴지는 사람이었다. 그와 대화하면서 '사람이 참 진실하겠구나'

하는 생각이 들었다. 그는 한 사람에게 들은 이야기를 절대로 다른 사람에게 옮기지 않았다. 작은 일이라도 최선을 다해 상대방을 도왔다. 대화할 때는 고객의 상황을 정확하게 이해하려고 모든 신경을 집중해서 경청했다. 사소한 것도 모두 메모해서 빠뜨리지 않으려고 노력했다.

그리고 자신의 무지와 실수로 고객에게 피해를 주지 않으려고 항상 공부했고, 새벽에 두 시간씩 책을 읽었다. 출근하면 그날 만날 사람들을 떠올리며 그들을 위해 기도했다. 영업할 수 있다는 사실에 감사했다. 그날의 기분이나 컨디션과 상관없이 자기가 정한 목표에 따라 전화를 하고 방문을 했다.

이렇게 하다 보니 연말이 되면 고객들이 실적을 물었다. 그래서 실적이 좀 떨어진 것을 알게 되면 얼마가 더 필요한지 확인해서 채워주었다. 그도 이렇게까지 하는 고객들이 이제는 영업대상이라는 생각이 들지 않는다. 평생 그들과 함께하는 인생의 동반자라고 생각하고 그들에게 필요한 것이나 도울 것이 있으면 그들이 말하지 않아도 먼저 챙긴다.

영업사원이 고객에게 작은 행동 하나하나를 진실하게 정성을 다함으로써 그들의 마음 깊은 곳에 인생의 진정한 동반자로 자리 잡아 고객이 오히려 영업사원의 실적까지 염려하며 챙기는 경지에 이른 것이다.

## 세일즈는
## 사람의 마음을 얻는 일

　　　　　　　　　세일즈는 상품을 파는 것이 아니라 자신을 파는 것이라는 말을 들어보았을 것이다. 워낙 흔하게 쓰이다 보니 이 말을 다들 잘 알고 있지만 실제로 그것을 구현해내는 사람은 극소수다. 세일즈는 저자세로 부탁한다고 되는 것이 아니다. 세일즈는 아쉬운 소리를 하며 물건을 사달라고 조르는 것이 아니다. 세일즈는 그 분야 최고 수준의 전문지식으로 무장한 뒤 최상의 솔루션을 제시하는 전문가가 되거나 진실한 모습으로 고객의 마음을 얻어 인생의 동반자가 되거나 둘 중 하나를 선택해야 성공할 수 있다. 어떤 경우든 똑같이 필요한 것은 세일즈하는 사람의 지극한 정성이다. 전략 이전에 정성이 있어야 한다. 판매 스킬 이전에 정성이 따라야 한다. 정성이 고객의 마음을 움직인다.

　기업 교육을 가면 나는 항상 영업부서를 꼭 경험해보라고 권한다. 책상에 앉아 기획, 관리, 행정 업무만 해본 분들에게 세일즈 현장에 나가 상품을 직접 팔아보라고 한다. 실전을 경험해야 계획을 제대로 수립할 수 있다. 누군가에게 내 상품을 사게 하려면 그 순간에 그 사람에게서 신뢰를 얻어야 한다. 그의 마음을 얻어야 한다. 그렇게 하려면 내가 어떤 마음으로, 어떤 표정으로, 어떤 말을 해야 할지 고민하고 연구하는 과정에서 나만의 노하우가 쌓인다. 그 노하우가 쌓여 누구를 만나든 그 사람의 마음을 얻겠다는 자신감이 생기면 적어도 생계에 대한 두려움이 사라진다.

내가 나를 판매하는 기술, 그 역량은 단기간에 이론적으로 구축되는 것이 아니다. 세일즈 현장에서 자기와 치열하게 싸우는 과정에서 훈련되는 것이다. 훈련 시간에 무슨 일이든 정성을 다하는 마음자세가 내 일상과 인격에 배일 때 사람의 마음을 얻는다. 고객이 내 실적을 염려하게 할 수 있다.

> 전략 이전에 정성이 있어야 한다.
> 판매 스킬 이전에 정성이 따라야 한다.
> 정성이 고객의 마음을 움직인다.

# 최고의 마케팅 전략인 입소문을 만든 '정성 마케팅'

## 소비자의 마음에 포지셔닝하라

마케팅 전략 수립의 핵심인 '포지셔닝' 개념을 최초로 고안했으며《마케팅 불변의 법칙》의 저자인 잭 트라우트의 강의를 들은 적이 있다. 몇 년 전 이틀에 200만 원을 내고 참가한 세계지식포럼에서였다. 그의 강의를 직접 듣고 함께 사진 촬영도 했으니 돈이 전혀 아깝지 않았다. 강의에서 그는 한국 기업들의 제품은 그것을 한마디로 설명할 유니크한 특징이 없다고 했다. 벤츠, BMW, 할리데이비슨 하면 브랜드만 들어도 제품의 느낌과 분위기를 단번에 알지만 한국 제품들은 그런 점이 부족하다는 것이다. 가격대비 품질 면에서 중국과 일본의 틈새를 잘 파고들어 성장하지만 마케팅 전략 측면에서 좀 더 명확한 커뮤니케이션 메시지를 개발해야 한다고 조언했다.

마케팅에서 '포지션'이란 소비자의 마음에 지각되는 제품의 특징이나 모습이다. '포지셔닝'이란 소비자의 마음에 기업이 원하는 모습으로 자리를 잡기 위한 마케팅 노력을 뜻한다. 박지성 선수의 포지션은 미드필더다. 미드필더는 팀에서 허리 위치에 해당하며 전방 공격수와 후방 수비수를 연결해 공수의 흐름을 조율하는 자리다. 축구의 포지션은 축구장이라는 물리적 공간에서 정해지지만 마케팅의 '포지션'은 소비자의 마음이라는 심리적 공간에서 이루어진다.

예를 들어 경쟁사의 제품이 소비자들에게 기능은 다양하지만 가격이 높은 상품이라고 인식되어 있을 경우, 자사 제품을 기능면에서는 소비자들에게 꼭 필요한 몇 개만 살리고 그 대신 디자인을 경쟁사 제품보다 훨씬 뛰어나게 한 다음 가격은 저렴하게 하겠다고 정하는 것이다. 그리고 그러한 제품의 콘셉트와 효익을 소비자들이 잘 인식하도록 홍보함으로써 소비자의 마음에 경쟁사 제품과는 다른 위치를 확보하게 만드는 것이 '포지셔닝'이다. 즉 '포지셔닝'을 통해 얻고자 하는 최종 대상은 바로 소비자의 마음이다.


## 기대를 뛰어넘은
## 치유의 경험

최근 치열한 마케팅 전쟁에서 가장 주

목받는 것이 이른바 '바이럴 마케팅,' 쉬운 말로 하면 '입소문' 마케팅이다. 인터넷을 비롯한 각종 매체가 셀 수 없이 많아지고 왜곡된 정보 때문에 피해를 보는 일이 빈번하게 일어나면서 사람들은 이제 자신이 확인하지 못하는 정보는 신뢰하지 않게 되었다. 이런 상황에서 가장 믿는 것은 지인이나 신뢰하는 사람들에게서 직접 들은 정보다. 나도 전자제품을 구입하거나 새로운 지역에서 식당을 찾아야 할 때 그 분야를 잘 아는 지인에게 물어보고 결정하는 편이다.

강연이 거의 매일 있다 보니 몸이 피곤하고 경직될 때가 많다. 특히 동기부여 강연은 정보를 전달하는 강의와 달리 강사 스스로 강의에 몰입해 강의 콘텐츠에서 전하고자 하는 열정과 의지를 청중이 강사의 모습을 보고 느끼게 해야 한다. 그런 만큼 온 힘을 다해 때론 강사인 나 자신이 눈물을 흘릴 정도로 몰입하다 보면 강의가 끝난 뒤 녹초가 되곤 한다.

어느 날 DID 조찬모임 회원인 김성윤 대표가 가수 김범수 씨와 배우 조재현 씨도 자주 가는 힐링 스파가 있는데 가보면 컨디션 회복에 도움이 많이 될 거라고 추천했다. 김성윤 대표는 몇 년 전 한국 HRD협회에서 아침 9시에 있었던 내 강의를 듣고 찾아왔다. 이후 김 대표가 여러 가지 사업을 준비하고 진행할 때마다 조언을 하고 상의를 해온 터라 그의 추천은 믿음이 갔다. 사실 연예인이나 유명인사가 자주 가는 곳이라면 오히려 가고 싶은 생각이 별로 없다. 일반인이 가면 소홀히 할 거라는 선입견이 들기 때문이다.

추천을 받고 얼마 지나지 않아 3일 연속 지방 강의를 마치고 돌아왔는데 온몸이 망치로 두들겨 맞은 것처럼 아파서 김성윤 대표가 추천해준 곳인 〈스파더엘〉을 찾았다. 처음 온 사람은 먼저 상담을 했다. 59가지 색이 들어 있는 병을 보여주며 3개를 고르라고 했다. 나는 주로 푸른색 계열의 병을 선택했다. 푸른색 계열은 자기 주관이 뚜렷하고 집중력이 강하며 자신만의 세계를 만들어가려고 노력하는 스타일이 많이 고르는데, 이들은 대부분 우울해하거나 지쳐 있을 때가 많다고 했다. 그리고 아로마 카드를 42장 보여주며 3장을 고르라고 했다. 그렇게 해서 처방받은 아로마는 라벤더였다.

상담을 마치자 '컬러 힐링 베드'라는 기기로 안내되어 그곳에 들어갔다. 우주선에 들어가는 기분이 들었다. 누워 있으니 불빛 등 모든 것이 푸른색을 발했으며 화면에서는 평화로운 장면이 나왔고 마음을 차분하게 해주는 음악이 들렸다. 기기는 가끔 가볍게 진동을 일으켜서 감각을 자극했다. 잠시 뒤 피로가 가시면서 마음이 편안해지고 에너지가 조금씩 회복되는 느낌이 들었다. 기기에서 나와 라벤더 오일을 이용한 테라피를 받았다. 전체 테라피 과정을 마치고 나니 온몸이 가벼워졌고 기분도 상쾌해졌다. 기대를 훨씬 뛰어넘는 치유를 경험했다.

그러자 갑자기 그곳이 궁금해졌다. 직업병이다. 내가 경험한 모든 일은 좋았던 경험은 벤치마킹 사례로, 좋지 않았던 경험은 새로운 교훈으로 강의 자료가 된다. 그곳의 대표인 이미나 씨에게 인터뷰를 요청했다. 이 대표는 국제컬러리스트로서 색채심리치료사 자격증을 가지고 있으며, 도형심리치료사이기도 했다.

이 대표는 자신이 운영하는 곳이 사람들의 몸과 마음을 회복하고 치유하며 스스로 사랑하고 격려하는 공간이 되기를 바랐다. 거친 세상에서 지치고 상처받은 사람들이 몸만 쉬는 것이 아니라 내면까지도 진정한 휴식을 취하기를 바랐다. 그래서 모든 공간을 1인실로 꾸몄다. 연예인을 비롯한 유명인사들이 자주 오는 것은 그들을 특별대우해서가 아니라 그들이 진짜로 쉴 수 있기 때문이라고 했다.

　나는 일반인도 그렇게 느끼는지 알고 싶었다. 그래서 이 대표의 동의 하에 부산에서 매주 오는 고객과 전화통화를 했다. 부산에서 학원을 운영하는 그 고객은 처음에 지인에게서 소개를 받고 와봤다고 했다. 그렇게 한 번 온 뒤로 좋아서 매주 한 번도 빠지지 않고 KTX를 타고 부산에서 서울까지 테라피를 받으러 온다고 했다. 경비에 시간까지 만만치 않을 텐데 뭐가 그리 좋아서 매주 오는지 물었다. 그는 그 시간이 온전히 자신만을 위해 여행하는 시간이기 때문이라고 했다.

　"거기 가면 마음이 정말 편안해져요. 쫓기지 않아도 되거든요. 사실 부산에도 스파나 테라피 하는 곳은 많아요. 하지만 어딜 가든 뭔가 약간 마음이 편치 않았어요. 시간이 조금만 지나도 사람들 표정이 바뀌는 게 보이고 내 마음이 쫓겨서 서둘러 나오게 되죠. 그런데 거길 가면 내 속에 있는 이야기도 다 해요. 대표님과 직원들이 그냥 제 식구 같아요. 피부관리도 정말 섬세하게 정성들여 한다는 느낌이 들거든요. 제가 원래 피부가 약해서 니트 옷을 못 입었는데 거기 몇 개월 다닌 지금은 니트 옷을 입을 수 있게 됐어요. 일주일에 하루 그곳에 가려고 서울로 올라가는 시간이 제게는 가장 소중합니다. 모든 것을 다 잊고 온전히 나만을 위해 시간을 쓸 수 있기 때문이죠."

## 'PUSH'하지 말고 'PULL'하라

기업들은 소비자의 마음에 제대로 '포지셔닝'하려고 촌철살인의 카피를 개발하고 막대한 비용을 들여 마케팅을 한다. 그러한 모든 노력은 '푸시Push' 활동이다. 소비자들에게 메시지를 반복적으로 쏟아 부어 기업이 원하는 이미지를 형상화하겠다는 의도다. 하지만 안타깝게도 그런 노력은 안쓰럽게 끝나는 경우가 많다. 실제로 가서 경험해보면 기대한 것보다 못하기 때문이다. '푸시'가 아닌 '풀Pull'이 되어야 한다. 나의 제품과 서비스를 체험한 사람들이 그 놀라운 경험을 잊지 못해 주변에 떠들고 다녀야 한다. 소비자들이 스스로 자석에 이끌린 것처럼 끌려와야 한다.

입소문은 양날의 칼이다. 소문과 실제가 일치하여 짧은 시간에 많은 소비자에게 좋은 점이 알려지면 기업은 날개를 단다. 그러나 실제로 가봤더니 소문과 다르더라는 이야기가 삽시간에 퍼지면 그 기업은 바로 문을 닫아야 한다. 입소문이 중요한 것이 아니라 긍정의 입소문이 날 수밖에 없는 실제를 갖추는 것이 중요하다. 소비자들에게 그 기업의 '정성'이 전달되어야 한다. 직원들이 '정성'을 다해 만든 제품은 표가 나기 마련이다. 구성원들이 '정성'을 다해 서비스를 하면 그 마음이 느껴지게 되어 있다. 기업이 포지셔닝해야 할 장소는 축구장 같은 물리적 공간이 아니라 소비자의 마음이라는 심리적 공간이다. 소비자를 매력적인 카피와 테크닉으로 순간적으로는 현혹할지 모르지만 오래 속일 수는 없다. 오직 '정성'으로 진짜 입소문을 만들어야 소비자의 마음을 'Pull'할 수 있다.

> 오직 '정성'으로 진짜 입소문을 만들어야 소비자의 마음을 'Pull'할 수 있다.

# 직원이 회사를 사랑하고 일에 몰입하게 하는 '정성 경영'

'어떻게 하면 직원들이 스스로 일에 몰입하게 할까?'

기업에서 관리자로 일하는 동안 가장 고민한 문제였다. 기업의 오너나 CEO도 아닌 사람이 이런 문제를 고민했다니 과장하는 것처럼 생각될지도 모르겠다. 하지만 한 번도 월급 받는 만큼만 일한다거나 위에서 하라니까 한다는 생각을 해본 적이 없다. 나는 더 나아지고 싶었다. 현재의 내 모습에 만족할 수 없었다. 내가 존경하는 분들처럼 되고 싶었다. 그분들처럼 되려면 그분들처럼 행동해야 했다. 100% 똑같이 따라하지는 못했지만 그런 방향으로 살고 싶었다. 그러니 직원들이 스스로 일을 찾아서 하고 창의적인 방식으로 새로운 시도를 하게 하는 것은 꼭 그들을 위해서만은 아니다. 직원들이 그렇게 일해야 탁월한 성과를 낼 수 있고 기업이 성장해야 나에게도 도움이 되기 때문이다.


## 직원을 '자기 목적성'을 가진 리더로 만들다

내가 외식업체 '강강술래'에서 기획이사로 일하면서 직원들이 업무에 창의적으로 몰입하게 하려고 시도한 것은 '교육'이었다. 먼저 조직에서 허리 역할을 맡은 중간관리자들을 위한 교육과정을 기획했다.

교육의 가장 큰 목적은 그들이 자신들이 하는 일의 가치를 깨닫고 자긍심을 갖게 하는 것이었다. 식당에서 하는 일은 단순해 보인다. 위생과 청결이 중요하니 몸을 써서 해야 하는 일이 많다. 손님들을 모시고 서비스를 제공해야 하니 자신이 작아 보인다. 진입장벽이 낮아 경제적으로 힘들 때 들어오는 사람이 많다. 그러다 보니 주어진 일을 열심히 하는 사람은 있어도 자부심을 가지고 새로운 일을 시도하는 창의성을 발휘하는 이들은 적다. 하지만 사람의 몸으로 들어가는 음식을 다루고 섬김과 배려를 통해 위로와 힘이 되는 품격 있는 서비스를 제공하는 외식업의 가치는 절대로 낮고 하찮은 것이 아니다. 최고의 서비스로 유명한 리츠칼튼호텔의 사훈은 '신사숙녀를 모시는 신사숙녀'이다. 조직의 허리인 중간관리자들이 이러한 가치를 인식하고 일에 대한 자부심과 자존감을 갖기 바랐다.

두 번째 목적은 업무를 통해 자신을 훈련함으로써 목표를 이룰 수 있다고 자각하게 하는 것이었다. 기업에서 일하는 많은 사람이 자신이 하는 업무의 의미를 진지하게 생각하지 않는다. 업무량이 조금 많아지면 죽겠다고 불평하고 조금 줄어들면 남는 시간을 하찮은 일을 하며 죽인다. 하루를 편하게 보낸 것을 다행으로 여기며 심지어 자랑까지 한다. 이렇게 살다 보면 그 순간은 즐거울지 모르나 결국에는 아무 일도 할 수 없는 경력의 벼랑 끝에 서게 된 자신을 발견할 것이다.

회사에서 일하는 나이에는 한계가 있다. 특히 외식업은 일반 기업보다 일하는 기간이 더 짧다. 그 기간이 끝나면 다른 곳을 찾거나 자기 일을 해야 한다. 이 기간에 다른 곳에서도 나를 쓰도록 능력을 갖추거나 자기 일을 하더라도 절대 실패하지 않는 역량을 보유해야 한다. 현재 내가 맡은 업무에서 능력을 키워야 한다. 스스로 연습하고 자질을 향상해야 한다. 회사에서는 적당히 일하고 새로운 일을 시작할 때 비로소 뭔가를 배우고 준비하겠다고 하면 이미 늦는다. 그때부터는 모든 것에 자기 돈이 든다. 나이가 들어 새로운 일을 배우기도 힘들고 자리를 빨리 잡아야 하기에 심리적으로도 쫓긴다. 그러다 보면 결국 무리수를 두게 되고 그동안 힘들게 쌓아온 것들마저 한번에 날리고 만다. 그런 경우를 많이 보았다.

지금 내가 하는 일이 바로 내 능력을 키울 소중한 훈련 프로젝트라고 생각해야 한다. 업무를 계획하고 실행하며 목표를 구현하려고 노력하는 과정 자체가 바로 나를 준비시키는 것이다. 이러한 마인드를 '자기 목적성'이라고 한다. 이는 회사의 업무와 개인의 인생 목표가 한 방향으로 정렬되어 있는 상태다. 업무를 잘하면 회사 발전에도 도움이 되고 나 자신의 미래 목표를 성취할 가능성도 점점 높아진다. '자기 목적성'을 가지고 업무를 대하는 사람과 월급을 받으려고 어쩔 수 없이 업무를 하는 사람의 삶의 질은 극명하게 대비된다. 나는 강강술래의 중간관리자들이 '자기 목적성'을 가진 리더들이 되도록 돕고 싶었다.

  교육을 통해 이러한 목표를 달성하기는 쉬운 일이 아니다. 많은 교육이 이상적인 목표 아래 시작되지만 실제로 교육생들의 마음까지 움직여 그 목표가 이루어지는 예는 흔치 않다. 그러니 교육을 하는 것이 중요한 것이 아니라 '어떻게' 하느냐가 중요하다. 교육생들이 흔히 예상하는 일상적이고 습관적인 내용과 방법으로 교육하는 것은 시간낭비일 뿐이다. 그래서 나는 그들의 마음을 직접 겨냥한 구체적인 방안을 강구했다.

## 신사숙녀를 모시는<br>신사숙녀 교육

우선 교육과정을 브랜드화했다. 식당에서 교육한다고 하면 대부분 직원들을 불러 모아 손님들에게 인사 잘하고 위생문제가 생기지 않도록 신경 쓰라고 강조하는 것이다. 그러니 교육하려고 모이라 하면 '맨날 하는 얘기 또 하고 또 하면 지겹

지도 않나' 생각한다. 직원들의 이런 생각을 바로잡기 위해 교육과정의 이름에서부터 다른 느낌을 주려고 했다. 그래서 탄생한 교육과정 브랜드가 '강강술래 미드필더 리더십 스쿨'이다. 중간관리자들이 축구의 미드필더 위치와 역할이 비슷한 데서 착안한 것이다. 월드컵 열기가 아직 식지 않은 때라 귀에 쏙 들어오는 이름이기도 했다. 이후 나는 기존의 교육과는 차원이 다르다는 것을 피부로 느낄 수 있도록 공문을 친근한 편지 형식으로 전했다.

> "강강술래 미드필더 리더십 스쿨에 입소하실 여러분께 진심으로 축하의 말씀을 드립니다. 그리고 환영합니다. 월드컵에서 보신 것처럼 미드필더는 축구에서 핵심 역할을 맡고 있습니다. 마찬가지로 여러분은 강강술래의 미드필더로서 핵심 역할을 맡고 있습니다. 여러분은 그동안 강강술래를 위해 늘 최선의 노력을 다해왔습니다. 그 최선에 리더십의 다양성과 새로움을 더해드리고자 합니다. 이와 아울러 삶의 목적과 방향, 자신의 정체성에 대해 확고히 인식하는 기회도 드리고자 합니다. 이를 위해 12주의 '변화의 기간'을 마련했습니다. 이 기간에 지나온 삶을 진지하게 돌아보고 앞으로의 비전에 더욱 몰입하기를 바랍니다. 나아가 여러분 모두가 인생의 참다운 사명을 발견하고 그것을 향해 열정적으로 헌신하며 하루하루를 즐겁고 보람 있게 살아가기를 바랍니다."

편지를 보며 그들 스스로 중요한 존재라고 인식하기를 바랐다. 교육을 통해 단순히 매상을 올리려고만 하는 것이 아니라 인생 전반을 더 낫게 만들 수 있다는 희망을 갖기를 기대했다. 교육기간도 식당에서는 파격적인, 매주 목요일 오전 9시에서 오후 1시까지 4시간씩 총 12주로 정했다. 일시적으로 감정만 고조시켰다가 현장으로 돌아가면 이틀만 지나도 교육내용을 까맣게 잊는 교육은 필요 없었다. 이번 주에 배운 내용을 현장에 돌아가 실제로 해보고 다음 주에 다시 모여서 그 결과를 나누고 상의하며 교훈을 얻도록 했다. 외식업에 필요한 서비스 스킬 외에 자기 인생 돌아보기, 사람에 대한 이해, 리더로서의 역할과 태도, 강사 역량 갖추기 등 본인의 삶 자체를 성숙시킬 다양한 주제를 다루었다. 그 가운데 특별히 중점을 둔 것이 바로 '책 읽는 습관 들이기'였다.

식당에 있으면 몸이 피곤하다 보니 책을 가까이하지 않는다. 책을 읽지 않는 리더는 한계가 있기 마련이다.

교육기간 중 7권의 필독서를 정해 읽도록 했다. 미드필더들이 기꺼이 참여하게 하려고 매주 우수독후감을 두 편 선정해 시상했다. 시상 프로그램에도 세심하게 정성을 기울였다. 우수상 수상자로 선정되면 그 사람에게 직접 상을 주는 것이 아니라 그 사람이 지정한 사람에게 멋지고 풍성한 과일바구니를 배송해주는 것이었다. 시상 결과는 흥미진진했다. 생각지도 못한 현상이 나타났다. 수상자가 자기 부서 사람이 아니라 다른 부서 사람에게 과일바구니를 보내준 것이다. 깜짝 선물을 받은 사람은 놀라워하면서 과일을 여러 사람과 나누어 먹으며 서로 즐거워하고 고마워했다.

어떤 이는 자기 아내가 근무하는 직장으로 선물을 보냈다. 생전처음 남편에게 과일바구니 선물을 받은 아내는 동료들에게서 부러움과 시샘의 눈길을 동시에 받으며 기뻐서 어쩔 줄 몰라했다고 한다.

책을 읽어 사고력도 키우고 부서 간의 정도 깊어지고 가정에서도 웃음꽃이 피게 한 행복 프로젝트였다.

12주 교육과정을 모두 마쳤을 때 참가자 전원에게 상장을 주었다. 항상 일찍 교육장에 온 사람에게는 '근면 모범상', 수업이 끝나고 쉬는 시간에 칠판을 지우고 정리를 잘한 사람에게는 '봉사 우수상', 시험을 잘 본 사람에게는 '학습 우수상' 등 상의 제목은 모두 달랐다. 상장에는 그 사람의 장점과 우수한 행동을 칭찬하는 내용이 쓰여 있었다. 일괄적으로 수료증만 준 것이 아니라 12주 동안 한 사람 한 사람을 관찰해 그들이 개별적으로 모범을 보이거나 우수한 활동을 한 사례를 기록했다가 거기에 적합한 상을 준 것이다.

수료식을 하며 상장을 주고받는 동안 모든 참가자가 감격스러워했다. 스스로 대견해했다. 어떤 이는 태어나서 처음 상장을 받아본다고 했다. 수료식이 끝나는 순간 모두 눈가에 눈물이 글썽했다. 12주 동안 헌신적으로 교육을 이끌어온 강사도 눈시울이 붉어졌다. 교육생 중 한 명이 직접 뜨개질을 해서 강사의 몸에 꼭 맞는 원피스를 만들어 선물했다. 강사가 한 올 한 올 정성이 들어간 뜨개질로 짠 원피스를 입고 나왔을 때 모두 뜨거운 박수와 환호를 보냈다. 강사는 그만큼 진심으로 교육했고 교육생들은 마음으로 얻은 것이 있기에 가능한 장면이었다.

미하이 칙센트미하이의 《몰입의 경영》에서 몬샌토사(세계 3대 농업생명공학 기업 중 하나)의 CEO 로버트 샤피로는 다음과 같이 말했다.

"우리 회사 직원들 중에서 상당수는 일을 통해 다른 사람들과 일함으로써 얻는 가능성은 물론 자기 자신의 가능성에 대해서도 더 많은 자신감을 얻게 되었다고 생각합니다. 그것이 제가 해낸 일 중에서 가장 바람직한 성과라고 봅니다."

직원들이 스스로 잠재력과 가능성을 믿는 것을 자신이 이룩한 가장 바람직한 성과라고 생각하는 경영자가 있는 기업에서 일하는 직원들이 어찌 회사를 사랑하지 않겠는가.

기업에서는 직원들의 마인드와 태도를 바꾸려고 교육을 많이 한다. 하지만 안타깝게도 상당수 교육이 교육하는 사람이나 받는 사람이나 의례적으로 채우고 지나가는 시간으로 여기기 일쑤다. 교육의 진정한 성과는 교육을 생각하는 경영자의 마음에서 이미 결정된다. 입으로는 교육이 가장 중요하다면서 실제로 교육이 어떻게 이루어지는지 진심으로 세심하게 살피고 배려하지 않는다면 문서로만 '매우 만족'했다는 결과를 양산할 뿐이다. 경영자의 교육에 대한 정성이 결과에 반영되면, 그것이 바로 경영 성과로 이어진다.

## 전 직원에게서
## 선물을 받은 워너메이커

1906년, 미국의 필라델피아에 당시 세계 최대 백화점이 문을 열었다. 매장 공간만 17만 8,500만 제곱미터에 미국 제27대 대통령 윌리엄 하워드 태프트 대통령이 직접 참석해 축하 메시지를 전했다. 그곳의 경영자는 백화점이라는 유통형태를 처음 시작해 백화점의 왕으로 불리는 워너메이커였다. 우정장관을 지낸 그는 살아 있는 동안 백화점을 통해 25만 명에게 일자리를 제공했으며, 미국 프로골프협회인 PGA를 창설하였다. 또 우리나라에 종로 YMCA를 지어주었다. 미국의 첫 수도인 필라델피아 시청 입구에는 가장 위대한 시민의 모델로 워너메이커의 동상이 서 있다.

그는 작은 백화점을 일구기 시작한 지 50주년이 되는 날 세계 최대 백화점을 개점했다. 그날 그는 1만 3,000명이 넘는 직원에게서 감격적인 선물을 받았다. 선물은 작은 봉투 안에 들어 있었는데, 그것은 바로 그의 어린 시절 추억이 고스란히 담겨 있는 고향집 땅문서였다. 전 직원이 그에게 소중한 추억을 선물하려고 정성을 다해 어렵게 준비한 것이었다.

어떻게 이런 일이 가능했을까? 그는 여직원들을 위해 숙식을 제공하는 호텔을 건립했다. 직원들에게 2주 유급휴가를 처음 도입했으며 백화점 옥상에 그들이 이용할 스포츠센터를 설치했다. 그들을 위해 도서관을 세우고 대학을 설립했다. 의료보험제도를 시행하고 노동시간을 단축했다. 1919년에는 직원들을 위한 종합복지시설도 처음으로 마련했다. 그는 이 모든 일을 1900년대 초에 시행했다.

"매장에서 일하는 사람이 내 가족이 아니라면 나를 위해 마음과 정성을 다해 일할 사람은 아무도 없습니다. 사업가는 봉급만을 위해 일하는 사람들로는 안전한 사업을 기대할 수 없습니다. 그래서 나는 먼저 직원을 가족으로 만들어야 했습니다. 그리고 이는 그들과 모든 혜택을 나눌 때 가능해집니다."

그는 자신의 말을 지켰다. 자신의 성공과 부를 직원들과 나누었다. 그런 그에게 직원들은 마음과 정성을 다해 일하는 것으로 보답했고 최고의 기업을 함께 일구었다.

## 경영자의 정성 경영, 1,500여 명의 생계 터전을 지키다

1997년 12월, 한국전기초자는 총부채 4,700억 원, 부채비율 1,114%, 매출액 증가율 −22.5%, 주당 이익 −9,115원이었고, 세계적 경영 컨설팅 회사인 부즈앨런해밀턴에서 생존불가 판정을 받았다. 노조는 계속 파업투쟁을 벌였으며 회사는 직장 폐쇄신고를 한 뒤 정문을 폐쇄했다. 사람들은 이 기업이 곧 파산하고 직원들은 떠돌이 신세가 될 거라고 추측했다. 그것은 추측이 아니라 기정사실이었다.

그런데 그렇게 되지 않았다. 2000년 말, 한국전기초자는 부채비율 37%에 무차입경영, 순이익 1,717억 원에 영업이익률 35.35%로 700여 상장사 중 1위를 차지했다. 차기 사업을 위해 내부 투자금도 1,800억 원 준비해두었다. 도대체 3년 동안 무슨 일이 있었던 걸까?

이 기적 같은 일에는 한 경영자의 뼈를 깎는 정성이 있었다. 장기 파업과 IMF 한파 등으로 파산 직전까지 간 한국전기초자를 인수한 대우그룹은 대우전자 국내 영업을 총괄하던 서두칠 부사장에게 정상화의 책임을 맡겼다. 그가 공장을 방문했을 때 공장 벽에는 페인

트로 '배신자, 죽일 놈' 같은 험한 말들이 쓰여 있었고 공장 안은 정리정돈이 되지 않아 지저분했으며 조명은 직원들의 마음만큼이나 어두웠다.

그는 가장 먼저 직원들의 마음을 움직이는 일을 했다. 직원들은 일자리를 지키려고 투쟁했으나 그것이 회사를 더 어렵게 만드는 결과를 가져왔고 그만큼 더 불안해졌다. 서두칠 부사장은 그런 직원들을 안심시키면서도 그들에게 미래의 비전을 제시해야 했다. 그렇다고 그들의 비위를 맞추려고는 하지 않았다. 직원들이 고용을 보장하겠다는 각서에 사인하라고 하자 그는 거절했다.

"고용은 사장이 보장하는 것이 아니라 고객이 보장하는 겁니다."

그는 직원들에게 현실을 정확히 인식시키고자 노력했다. 직원들과 직접 대화를 시도했다. 3교대 현장 직원들과 만나려고 새벽 3시부터 미팅을 했다. 3시 미팅을 하려고 새벽 1시에 집을 나섰다. 그리고 직원들에게 이미 벼랑 끝에 선 회사 상황을 구체적으로 설명했다. 뜻밖에도 직원들은 위기의 심각성을 정확히 몰랐고 막연하게 생각했다. 자세한 내용을 알게 된 직원들은 더 불안해했다. 서두칠 부사장은 그들에게 명확한 방향을 제시했다.

"타사 제품보다 더 싸게, 하지만 더 좋게, 그것도 그들이 원하는 시기에 정확히 공급하면 됩니다. 그러려면 지금처럼 일해선 안 됩니다. 1시간 일하고 30분 쉬는 현재 방식으로는 경쟁력을 확보할 수 없습니다. 앞으로는 2시간 일하고 10분 쉽니다. 가죽을 벗겨내는 아픔 없이 성공은 없습니다."

그는 자신이 먼저 솔선수범했다. 365일 하루도 쉬지 않았다. 새벽 3시에 미팅을 시작해 하루 종일 대화하고 현장을 점검했다. 사장실에 있던 큰 책상과 의자를 치우고 거기에 회의탁자만 들여놓았다. 그곳에서 누가 오든 진심으로 마음을 열고 대화했다. 임원차량 운전기사들에게 사업을 하도록 하고 손수 운전했다. 골프 회원권을 모두 처분했다. 그리고 3890의 목표를 제시했다. 연간 생산량 3,000만 개, 전면유리 수율 80%, 후면유리 수율 90%, 클레임 0이었다. 처음에 직원들은 불가능하다고 했다. 세계 최고 수준인 공장의 수율이 70%도 안 됐기 때문이다.

죽기 살기로 새로운 방법을 찾아 연구했다. 생산라인을 조정하고 자동화했다. 현장을 찾아 현장에서 의사결정을 했다. 국산 신기술을 개발하려고 연구소를 따로 설립했다. 밤낮 없는 연구와 실험이 진행됐다. 결국 기존에는 보름이나 걸려야 하던 작업량을 4시간이면 끝내게 되었다. 1년 만에 598억 적자에서 305억 흑자로 돌아섰다.

한 경영자의 눈물겨운 정성이 1,500여 명의 생계 터전을 지켜냈다. 패배주의에 물들어 부정적인 생각으로만 가득 찼던 직원들이 회사를 사랑하고 밤낮 없이 혼신의 힘을 다해 일에 몰입하도록 만들었다. 직원들이 돈을 많이 주고 복지를 잘해야만 애사심을 가지고 일에 몰입하는 것은 아니다.

직원들에게 줄 돈도 주지 않고 미끼가 될 만한 복지제도를 적당히 홍보하면서 그들을 이용하려 한다면 오래가지 못한다. 왜 기업을 경영하는가에 대한 명확한 답을 가지고 그 비전을 이루기 위해 한 배에 탄 직원들을 진심으로 아끼고 사랑하면서 직원들의 삶이 일을 통해 더 행복해지면 그것이 기업 발전에도 도움이 된다는 것을 아는 경영자, 영혼을 담아 진심으로 노력하는 경영자의 '정성 경영'이 믿기 어려운 기적을 일으킨 것이다.

> 영혼을 담아 진심으로 노력하는
> 경영자의 '정성 경영'이
> 믿기 어려운 기적을 일으킨다.

# 행운을 가져오는 귀인을 만나는 비결 '정성 커뮤니케이션'

흉측하게 생긴 거대한 괴물이 다가오고 있다. 두 남자가 괴물을 보고 겁에 질려 쓰러져 있다. 괴물은 무엇이든 감아서 집어 던질 듯 긴 촉수를 날름거리며 그들에게 점점 다가온다. 뒤에서 장총을 들고 있던 사내가 소리친다.

"박스 치워!"

쓰러진 남자들 옆에 박스가 쌓여 있어 괴물에게 총을 쏘는 데 방해가 되었기 때문이다. 그런데 쓰러진 남자 하나가 손을 머리 위로 올리더니 박수를 치기 시작한다. 총을 든 사내는 다시 더 크게 소리친다.

"박스 치우라고!"

그러자 남자는 더욱 세게 박수를 쳐댄다. 총을 든 남자 옆에 있던 여자가 한마디 내뱉는다.

"쟤 지금 뭐 하는 거야?"

결국 괴물은 박수치던 남자를 긴 촉수로 휘감아 던져버린다.

영화 〈7광구〉의 한 장면이다. 처음에는 영화를 보는 나도 그 남자가 왜 박수를 치는지 이해하지 못했다. 장면이 계속되면서 그 남자가 '박스 치워'라는 말을 '박수 쳐'라고 잘못 알아들었다는 것을 깨달았다. 같은 한국 사람에게 한국어로 말했는데 전혀 엉뚱하게 전달된 것이다. 이처럼 커뮤니케이션은 사람을 살릴 수도 있고 죽일 수도 있다. 어떤 상황에서는 관계를 회복할 수도 있지만 파괴할 수도 있다.

## '배우는 대화'는 적도 친구로 만든다

10년 넘게 진행된 하버드 협상 프로젝트에 참여한 커뮤니케이션 전문가 세 사람이 쓴 《대화의 심리학》에서 저자들은 서로에게 상처만 주거나 관계를 악화시키는 대화를 피하려면 '배우는 대화'를 해야 한다고 했다. '배우는 대화'는 자신의 메시지를 상대방에게 일방적으로 전달하려는 대화 습관을 버리고 상대의 진심과 의도를 다 알지는 못한다는 사실을 전제한 뒤 상대의 의도를 배우려는 자세로 대화하는 것이다. '배우는 대화'를 제대로 하려면 먼저 대화를 어렵게 만드는 세 가지 요소인 '갈등'과 '감정' 그리고 '정체성'을 이해해야 한다.

'갈등'은 서로 의견이 심각하게 충돌하는 상황이다. 이때 나는 옳고 상대방은 틀렸다고 생각하는 것은 '배우는 대화'가 아니다. '배우는 대화'는 상대방이 어떤 일에 대해 나와 달리 해석한다고 생각하는 것이다. 그리고 나는 상대가 왜 그렇게 주장하는지 배경을 충분히 모른다고 생각하고 그것을 이해하려고 상대에게 필요한 질문을 하는 것이다.

또 대화의 초점이 문제 해결에만 맞춰져 있고 나와 상대의 '감정'을 표현하지 않으면 커뮤니케이션이 효과적으로 되지 않는다. 아내가 남편에게 "골프가 그렇게 좋아요?" 하고 물어보는 것은 골프 자체에 대해 묻는 것이 아니라 자신에 대한 남편의 관심을 이야기하는 것이다. 상대방을 비난하고 탓하기 전에 자기 감정을 있는 그대로 표현하는 것이 중요하다. 이와 아울러 자신의 감정만큼 상대방의 감정도 존중해야 한다. 상대방이 지금 어떤 감정 상태인지에 관심을 가져야 하며 그러한 감정을 갖게 된 이유를 이해하려고 노력해야 하는 것이다. 이렇게 감정이 표현되고 이해되고 교류되어야 진정한 커뮤니케이션이 이루어진다.

사람들은 자신의 자존감에 상처받을 위험이 있는 대화를 피한다. '정체성'이 흔들리기 때문이다. 예컨대 상사에게 다른 회사로 이직해야 한다는 소식을 전할 때 사람들은 힘들어한다. 그런 얘기를 하면 상사가 자신을 배신자로 생각할까 봐 그렇다. 그러나 직장을 옮기는 것이 꼭 배신은 아니다. 그럴 만한 이유가 있어서 이직하는 것이다.

따라서 대화에서 정체성이 문제가 될 때는 먼저 자신과 대화를 충분히 해서 자기 자신에 대한 자신감을 확실히 다져야 한다.

IT 기업에 있을 때의 일이다. 한 클라이언트를 상대로 다른 업체와 경쟁이 붙었다. 품질과 가격 면에서 서로 우위를 주장하며 첨예하게 대립했다. 경쟁이 치열하다 보니 담당자들끼리 감정도 좋지 않게 되었고 나도 마음이 불편했다. 나는 클라이언트 회사에서 만난 경쟁업체 담당자에게 간단히 저녁식사나 하자고 제안했다. 다행히 그도 응했고 만나는 자리를 마련할 수 있었다. 나는 솔직히 이야기했다.

"어떻게든 경쟁에서 이기려고 노력하다 보니 그 과정에서 본의 아니게 일과 상관없이 경쟁사 직원에게 감정이 나빠지는 것을 느꼈습니다. 사실 과장님이나 저나 회사를 위해 열심히 하는 것뿐인데 개인적으로 원수질 필요는 없다고 생각해서 이렇게 밥 한 끼 먹자고 했습니다."

내 감정을 먼저 이야기하고 그의 마음은 어떤지, 그리고 그동안 어떻게 살면서 일했는지 질문했다. 나는 그가 내 행동을 가식이라고 오해하지 않도록 마음을 다해 그의 이야기에 집중하며 경청했다. 결국 그 경쟁에서는 우리 회사가 졌다. 하지만 그와 나는 정말 친한 사이가 되었다. 그는 나보다 IT 분야에 더 오래 있었으며 업계의 세세한 특성까지 잘 알고 있었고 아는 사람도 많았다. 이후 다른 프로젝트를 진행하면서 그의 도움을 받아 나 혼자서는 할 수 없는 성과를 많이 낼 수 있었다.

이렇게 '갈등'과 '감정' 그리고 '정체성'을 충분히 이해하고 상대방이 표현하지 못한 것까지 들으려는 마음으로 경청하면 경쟁관계에 있거나 심지어 적으로 지내던 사람과도 친구가 된다. 이렇게 반전된 관계에서 뜻밖의 행운이 오기도 한다.

## 멘토형 귀인, 친구형 귀인, 작은 귀인

연말연시가 되면 재미삼아 운세를 보러 다니는 사람들이 있다. 이때 흔히 물어보는 것이 '언제 어느 방향에서 귀인이 올까요?' 하는 것이다. '귀인'은 대개 사회적 지위가 높고 귀한 사람을 가리키지만 우리가 기다리는 '귀인'은 나에게 복과 행운을 가져다줄 사람을 말한다. 돌이켜보면 나도 귀인을 여러 명 만나 지금의 자리에 오게 됐다. 나에게 다양한 행운을 가져다준 귀인은 대략 세 유형으로 나뉜다.

첫 번째 유형은 '멘토형 귀인'이다. 3M의 자회사인 이메이션코리아의 CEO를 지내고 국가브랜드위원회 자문위원으로 활동하며 '아이디어 닥터'라는 자신만의 고유한 아이덴티티를 창조해 많은 학생과 직장인, 기업인의 역할 모델이 되고 있는 이장우 회장은 나의 소중한 멘토다.

그는 차도 잘 다니지 않는 시골에서 태어나 독학으로 외국계 기업에 입사했다. 세일즈 부서에 있으면서 헌신적인 영업활동으로 사내

판매 신기록을 여러 개 세우며 CEO의 자리에 올랐다. 바쁘게 생활하면서도 경영학과 공연예술학 박사학위를 취득하고 디자인 분야 박사과정을 수료했다. 《퍼스널 브랜드로 승부하라》, 《비자트 3.0》, 《당신도 경영자가 될 수 있다》 등 브랜드 마케팅과 디자인, 자기계발 분야의 저서를 출간하고 많은 기업과 사람에게 컨설팅과 코칭을 하고 있다.

 나도 직장에 있으면서 중요한 변화의 순간이 닥칠 때마다 그에게 조언을 구해 도움을 많이 받았다. 인생을 살다보면 처음 경험하는 일들이 많다. 그때 그 길을 먼저 걸어간 멘토의 한마디는 시행착오와 기회비용을 많이 줄여주는 귀중한 한 줄기 빛이 된다.

 이장우 회장은 어느 마케팅 관련 세미나에서 그가 강의를 할 때 처음 보았다. 그의 강의를 듣고 나는 신선한 충격을 받았다. 본인이 직접 마케팅을 한 사례들과 개발한 브랜드에 관한 이야기들은 깊은 감동으로 다가왔다. 무엇보다 체구는 그리 크지 않은데도 열정적인 태도와 선명하게 타오르는 눈빛에 빨려들고 말았다. 집에 돌아와서도 계속 그 생각이 났다. 그를 꼭 만나서 멘토로 모시고 싶었다. 나는 이런 간절한 마음을 담아 정성스럽게 카드를 쓴 다음 예쁜 과일바구니와 함께 보냈다.

 다행히 그가 내 카드를 보고 연락을 해왔다. 그가 디자인을 중요시하는 것을 알기에 한국의 전통미와 현대미를 잘 융합해 실내를 디자인한 강강술래 서초점에서 식사를 대접했다. 내가 배우고 싶고 닮고 싶은 멘토와 식사를 하며 그의 경험을 일대일로 듣는 동안 참으로 행복했다. 더욱더 열심히 학습하고 노력해야겠다고 다짐하는 시간이 되었다. 깊은 영감을 받은 강의를 듣고 강사에게 정성을 다해 마음을 적극적으로 전한 것이 평생 귀중한 가르침을 받는 귀인을 만나게 해준 것이다.

커뮤니케이션은 꼭 언어로만 이루어지는 것이 아니다. 비언어적 커뮤니케이션은 표정과 몸짓 외에 정성이 듬뿍 담긴 작은 선물로도 이루어질 수 있다.

두 번째 유형은 '친구형 귀인'이다. 소프트웨어를 개발하는 IT 회사에 근무하면서 e-Business 컨설턴트 과정을 배운 적이 있다. 여러 회사에서 다양한 직무를 하는 사람들이 모였다. 첫 시간에 자기소개를 하는데 한 사람이 눈에 들어왔다. 나이도 나와 비슷해 보이고 IT 분야에 경험도 많은데다 차분하게 자신의 꿈과 미래까지 이야기하는 모습이 참 보기 좋았다. 첫 수업이 끝났을 때 그에게 먼저 가서 명함을 주며 인사를 나누었다. 교육장에서 나와 집으로 돌아가면서 그에게 문자를 보냈다.

"오늘 자기소개하는 모습이 참 멋졌어요. 그렇게 분명한 목표를 가지고 일을 하시니 꼭 성공할 거예요. 저는 IT 쪽에 온 지 얼마 되지 않아 아는 게 거의 없어요. 앞으로 많이 가르쳐주세요. 감사합니다."

그는 자신도 나를 만나서 반가웠다고 답신을 보내주었다. 감명 깊게 읽은 책이 있으면 소감을 펜으로 적은 편지와 함께 책을 그에게 보내주었다. 그와 특별한 이해관계가 있는 사이는 아니었지만 그와 관련된 뉴스나 자료를 발견하면 그에게 보내주었다.

이렇게 시간이 흐르자 그도 자신이 알고 있는 정보나 자료를 나와 공유하기 시작했다. 가끔 식사하며 서로에 대한 속이야기를 나누기도 했다. 학창 시절 내내 문과였던 나는 IT 분야에 대해서는 문외한이었다. 그러나 그 친구의 도움으로 IT 기업 기획마케팅 팀장이라는 역할을 비교적 잘해낼 수 있었다. 나이는 같았지만 그는 분명히 내게 '귀인'이었다.

세 번째 유형은 '작은 귀인'이다. 얼마 전 고등학생 100여 명을 대상으로 강연을 마친 뒤 한 학생에게서 이메일을 받았다.

> "죄송하지만 질문을 하나 해도 될까요? 강연 중에 많은 기회는 인간관계에서 나온다고 말씀하신 부분에서 궁금한 것이 생겼습니다. 선생님은 사람을 대할 때 어떻게 하시는지요? 혹시 분류를 하지는 않으시는지요? 저는 저에게 기회를 줄 수 있는 사람은 왠지 의식하게 되어 조금 달리 대하는 것 같습니다. 그렇다면 그런 상황을 생각해서 인간관계를 소중히 하라는 말씀인가요?"

고등학생이 하기에는 어려운, 참으로 정곡을 찌르는 질문이었다. 강의 시간에 관계의 소중함을 강조했더니 자신에게 도움이 되는 사람에게 더 잘해야 하느냐고 묻는 것이었다.

경희대에서 2년 전 내 수업을 들은 학생에게서 전화가 왔다.

"교수님, 큰일 났어요! 제가 다음 주에 최종면접을 보는데 예상치 못한 문자가 왔어요. 송도에 신규호텔이 들어선다고 가정하고 그 호텔에 자사 전자제품을 판매하기 위한 프레젠테이션 자료를 4페이지로 만들어 발표하라고 합니다. 저는 프로그램 짜는 것만 공부했지 세일즈에 대해서는 한 번도 배운 적이 없거든요. 어떻게 하면 좋지요?"

보통 학생에게서 이런 전화가 오면 프레젠테이션 자료의 예시가 나와 있는 책을 추천하거나 비슷한 경험이 있는 선배를 찾아보라고 조언한다. 하지만 나는 그 학생에게 연구실로 오라고 했다. 그리고 내가 강의했던 호텔의 교육팀장에게 전화해 상황을 이야기하고 호텔에 전자제품 구매담당이 있는지 물었더니 있다고 했다. 그 담당자의 인적사항과 연락처를 받은 뒤 교육팀장에게 그 사람한테 연락해서 경희대 학생이 전화하고 찾아갈 거라고 얘기해달라고 부탁했다. 그리고 호텔 전자제품 구매담당자의 연락처를 학생에게 주고 바로 전화하라고 했다.

학생은 약속시간을 정한 다음 빵집에서 예쁜 케이크를 사서 호텔을 방문했다. 그리고 담당자와 두 시간가량 대화하며 호텔의 전자제품 구매기준에 대해 상세히 들었다.

나는 학생에게 프레젠테이션 자료의 첫 장에 그 담당자의 명함을 스캔해서 넣으라 하고 나머지 세 페이지에 담당자가 얘기해준 구매기준에 근거해 발표 내용을 작성하면 좋을 거라고 조언했다. 최종 면접결과는 당연히 합격이었다. 6명 중에 2명을 선발하는데 그 학생이 포함된 것이다.

대학생 한 사람이 나에게 큰 이익을 주거나 도움이 되는 것은 아니니다. 하지만 나에게 진심으로 대하는 사람에게는 나도 최선을 다한다. 내 앞에 있는 사람이 나에게 얼마나 이익이 될지 따져가며 대하지는 않는다. 나는 그 고등학생에게 다음과 같이 회신했다.

"이렇게 메일 보내주어 고마워요. 학생이 한 질문은 아주 중요한 질문입니다. 답부터 말씀드리면 절대 그렇게 하면 안 된다는 것입니다. 아주 작고 보잘것없어 보이는 사람을 대할 때와 대통령을 대할 때 마음이 같아야 합니다. 사람은 사람 자체로 가치가 있기 때문입니다. 작은 이나 큰 이나 똑같은 가치를 지닌 존재입니다. 내가 만일 학생을 '겨우 고등학생이니까 나한테 별로 도움이 안 되겠군' 하면서 제대로 대하지 않는다면 어떻겠습니까? 자신의 이해관계에 따라 사람을 대하는 사람은 언젠가 반드시 표가 나게 되어 있습니다. 리더는 모든 사람을 포용해야 합니다. 사람을 사람 자체로 사랑해야 합니다."

내가 정성을 다해 도와주어 전자회사에 입사한 학생이 직장인이 되어 전화를 했다.

"교수님, 저 기억하시죠. 교수님 덕분에 회사에 잘 들어와서 열심히 다니고 있습니다. 근데 제가 이번에 HR부서로 발령이 났습니다. 그래서 다음 임직원 특강 강사를 섭외하려고 연락드렸습니다. 교수님, 강의 꼭 해주셔야 해요."

철부지 학생으로만 여겼던 제자가 '귀인'이 되어 돌아온 것이다. 귀인 중에도 '작은 귀인'은 특별한 의미가 있다. 멘토를 얻으려고 혹은 친구를 만들고 싶어서 커뮤니케이션에 정성을 들일 수는 있으나 자신보다 못해 보이는 사람에게 정성을 다하기는 쉽지 않다. 그래서 진짜 최고 정성은 바로 '작은 귀인'에게 들이는 정성이다. 나에게 유익한 무엇을 얻고 싶어서가 아니라 사람을 사랑하는 마음으로 정성을 다해야 한다. 큰 사람에게나 작은 사람에게나 정성을 다해 진심으로 커뮤니케이션할 때 그들은 모두 우리에게 행운을 몰고 오는 '귀인'이 되는 것이다.

> 큰 사람에게나 작은 사람에게나
> 정성을 다해 진심으로 커뮤니케이션할 때
> 그들은 언젠가 행운을 몰고 오는 '귀인'이 된다.

# 백만 독자가 감동받은 '정성 글쓰기'

## 책 한 권에 10년 정성을 들이다

'지난 백 년 남짓한 동안 땅 위를 밝혀주었던 위대한 러시아의 한 영혼이 사라졌다. 그것은 우리 세대의 사람들에게는 젊은 시절을 비춰주는 가장 순수한 빛이었다. 19세기 말 무겁고 어두운 그늘이 드리워진 황혼 속에서 그 빛은 위안의 별이 되었다. 그 별빛은 우리 청년들의 정신을 사로잡고 위로해주었다.'

《장 크리스토프》로 1915년 노벨문학상을 수상한 로맹 롤랑은 대문호 톨스토이의 전기 서문 첫 단락에 이렇게 썼다. 톨스토이의 글이 19세기 말의 무겁고 어두운 그늘에서 힘들어하던 청년들에게 한 줄기 위안의 빛이 되었다고 말이다. 나는 그의 말에 동의한다. 그렇듯 잘 쓴 글은 빛을 잃고 힘들어하는 사람들에게 희망의 등불이 된다.

내 생각의 깊이와 범위의 한계를 절감하면서 고전을 읽기로 마음먹고 처음 손에 든 책이 도스토옙스키의 장편이었다. 재미있었지만 내적 갈등이 심한 주인공들이 자아내는 음울한 분위기가 부담스러웠다. 새로이 눈을 돌리면서 만나게 된 작품이 톨스토이의 《부활》이었다. 그리고 충격을 받았다. 19세기 후반의 러시아를 배경으로 쓴 소설이 21세기를 살고 있는 대한민국 독자의 마음을 흠 하나 없는 거울처럼 온전히 비추고 있었다. 주인공 네흘류도프의 마음과 행동에 내 마음과 행동이 겹쳤다. 여주인공 마슬로바의 생각과 삶에도 나의 그것들이 고스란히 비쳤다. 위선과 허위의 삶을 살아가는 고관대작들의 모습에도 여지없이 내가 들어 있었다. 어느 한 사람을 콕 찍어서 나와 비슷하거나 비교할 만한 사람이라는 것이 아니라 등장하는 모든 인물의 모습에 내가 스며들어 있었다. 시대와 국경을 초월해 사람의 마음을 움직이는 힘, 고전에는 바로 그런 힘이 있다는 것을 알게 되었다.

《부활》은 1899년에 출간되었다. 톨스토이는 이 작품을 출간 10년 전인 1889년부터 썼다. 19세기 모든 예술의 '결산'이며 20세기 예술의 '단초'라고 찬사받는 소설 한 권이 탄생하는 데 10년이 필요했던 것이다. 그는 자신의 모든 경험과 사고와 가치관을 이 작품에 담으려고 정성을 다했다. 1891년 1월, 《부활》을 집필한 지 1년 후쯤 그는 일기에 다음과 같이 썼다.

'오늘의 시선으로 사물을 조명하면서 기나긴 숨결의 장편소설을 쓰는 것이 좋겠다는 생각이 들었다. 그리고 나는 그 속에 내 모든 구상을 결합할 수 있다고 생각했다.'

집필과 중단을 몇 차례 반복하며 그는 변화하는 자신의 정신적 성과를 소설 한 권에 모두 반영하려고 노력했다. 법정의 재판 장면을 묘사하려고 몇 개월 동안 법정에 드나들면서 모든 장면과 사람의 모습을 세세하게 관찰하고 기록했다. 그의 이러한 정성과 진실한 노력으로 탄생한 작품에서 수백만, 아니 수천만 명이 세대를 초월하여 감동을 받고 용기를 얻어 새로운 인생을 살아가게 되었다.

## 책 한 권 뒤에는
## 100권의 책과 10권의 공책이 있다

2009년에 내 생애 첫 책을 출간한 뒤 글을 더 잘 쓰고 싶은 마음에 자료를 많이 찾아다녔다. 그 과정에서 내 마음을 흔든 책이 김탁환 작가의 《쉐이크》다. 김탁환은 《불멸의 이순신》, 《나, 황진이》 등 세간에 화제가 된 드라마의 원작을 썼을 뿐 아니라 《한국고전소설의 세계》 같은 연구서, 그리고 《로봇의 시대가 왔다》 시리즈 등 다양한 분야의 이야기들을 창작해냄으로써 탁월한 스토리텔러로 많은 독자층을 형성한 작가다.

나는 그가 이야기 한 줄기를 창조해내기 위해 어떤 과정을 거치는

지를 상세히 들여다보면서 부끄러워졌다. 나는 사람의 마음에 감동을 주는 마법 같은 글쓰기 테크닉이 없을까 하고 기웃거렸는데, 그는 이야기꾼이 되고 싶은 이들이 '테크닉'이 아닌 '자세'를 배워야 한다고 했기 때문이다.

"'자세'는 이야기 구상에서 완성까지 이야기꾼이 가지고 있어야 하는 일관된 마음가짐과 그로부터 만들어지는 구체적인 행동의 합일입니다. 테크닉들을 부지런히 익혀나간다고 자세가 저절로 잡히지는 않으며, 오히려 자세를 정함으로써 국면마다 활용할 테크닉이 정해지지요."

그가 스토리 작법 책의 제목을 《쉐이크》라고 정한 것은 자신의 이야기를 읽은 사람들이 이때까지와는 다른 감정과 행동의 '흔들림'이 있기를 바라기 때문이라고 했다. 그 흔들림이 적극적인 실천이나 변신, 파괴 등으로 나아갈 수도 있지만 이야기를 거기까지 미리 정하고 만들 수는 없으니 'MOVE'나 'CHANGE'보다는 'SHAKE'가 적절하다는 것이다. 그래서 그는 장편소설을 쓰는 이유가 "당신이 쓴 이야기책을 읽은 후 내 인생을 찬찬히 돌아보게 되었습니다"라는 엽서 한 장을 받기 위해서라고 했다. 그는 적어도 나 같은 독자에게서는 그 목적을 달성했다. 나는 《쉐이크》를 읽고 흔들렸고 내가 글을 대하는 자세를 찬찬히 돌아보게 되었다. 그리고 그에게 엽서를 한 장 보냈다. 내 마음을 흔들어주셔서, 나를 돌아보고 반성할 수 있게 해주셔서 감사하다고.

그의 여러 가지 조언 중에 가장 인상적인 것은 '100권의 책과 10권의 공책'이었다. 100권의 책과 10권의 공책이 의미하는 것은 이야기를 만드는 데 필요한 모든 준비를 하라는 것이다. 100권의 책은 내가 쓰는 이야기가 과연 무엇인지 명확히 정리하고 그 이야기를 전개하는 데 필요한 모든 지식과 정보를 얻기 위해 필요하다. 그는 이순신 이야기를 쓰겠다고 마음먹으면 이순신 장군의 문집《이충무공전서》를 구하고 《난중일기》와 《장계초본》을 샀다. 그리고 이순신을 연구한 단행본과 그에 대한 소설뿐 아니라 임진왜란에 대한 국내학자들과 일본학자들의 연구서를 찾았다.

더 나아가 16세기 사림파에 대한 연구서, 유성룡, 윤두수, 이항복 등 이순신과 관련 있는 사람들의 책과 함께 권율, 신립, 이일, 곽재우, 고경명, 서산대사, 사명대사, 도요토미 히데요시, 고니시 유키나가, 가토 기요마사 같은 관련 인물들의 서적도 사서 읽었다. 이렇게 관련된 사람들에 관한 연구만이 아니라 그 당시 문화, 전쟁 유물, 군선과 무기에 대한 연구서, 유행한 노래와 창궐한 질병에 관한 문헌, 피난살이의 어려운 상황을 알 수 있는 자료들도 참고했다. 이제 그는 이순신에 관한 한 그는 어디에 내놓아도 빠지지 않는 전문가가 되었다. 100권의 책에 대한 그의 이야기를 들으면서 나는 그동안 글을 쓰려고 구체적인 준비를 어떻게 해왔는지 생각해보았다. 부끄럽기 짝이 없었다. 씨앗을 제대로 뿌리지도 않고 풍작만 바라는 헛된 농부의 모습이 나의 실체였다.

10권의 공책은 그가 이야기 만들기에 필요한 모든 아이디어와 자료를 직접 기록하고 정리하는 데 사용했다. 첫 번째 공책은 '기자수

첩'이었다. 그는 여기에 길에서 순간순간 떠오르는 단상을 기동성 있게 바로바로 메모하고 그날 한 일을 간략히 기록했다. 두 번째 공책은 '독서록'이었다. 100권의 책에 대한 가치를 각각 기록하고 중요 부분들의 발췌를 모아두는 곳이었다. 이 공책만 훑어봐도 본인이 하고자 하는 이야기 관련 정보를 되새길 수 있다. 세 번째 공책은 '몽상록'이었다. 이 공책 앞에는 '공든 탑을 무너뜨려라!'라고 적혀 있다. 이야기의 줄거리를 스무 번 혹은 서른 번씩 완전히 새로 써보는 것이다. 이렇게 하면 자신이 정말 하고 싶은 이야기를 찾을 수 있다. 분량은 두 페이지 이상을 넘기지 않는다. 네 번째 공책은 '습관록'이었다. 등장인물들의 세세한 습관까지 미리 정리해두었다.

가장 인상 깊은 것은 다섯 번째 공책인 '답사기'였다. 이야기가 펼쳐지는 공간을 구체적으로 정리해두는 곳이다. 김탁환은 이야기의 생생한 느낌을 살리려고 답사를 대단히 중시하고 답사에 가능한 한 모든 정성을 기울였다. 답사를 가기 전에 최소한 한 시간 단위로 자세하게 스케줄을 짰다. 반드시 가야 할 곳, 만나야 할 사람 등을 미리 선별하고 사전 연락이나 협조를 구하는 방법 같은 것도 답사기에 적었다. 먼저 그 장소를 답사했던 이들의 기행문을 읽고 각종 관련 지도도 미리 준비했다. 답사를 통해 그 장소의 모습뿐만 아니라 냄새와 맛, 소리와 감촉까지 모든 것을 답사기에 담았다. 그리고 답사 현장에서 적어도 한 페이지 정도는 이야기에 넣을 문장을 기록하는 시간을 반드시 따로 마련했다.

예컨대 소설 《밀림무정》의 '작가의 말'은 러시아 연해주 라조 자연

보호지역 밀림에서 썼다고 한다. 호랑이의 발자국을 보고, 호랑이가 먹다 남긴 사슴의 앙상한 뼈를 만지며, 호랑이의 똥 냄새를 맡고, 호랑이가 할퀸 나무줄기에 등을 기대고 쓴 '작가의 말'이 도시의 집필실에서 책에 둘러싸여 쓴 '작가의 말'보다 이야기의 본질을 잘 드러낼 거라 믿었기 때문이라고 한다. 이 대목을 읽을 땐 등골이 서늘해졌다. '이야기에 작가의 영혼을 담는다는 의미가 이런 것이구나!' 하는 생각이 들어서였다.

여섯 번째 공책은 '나날'이라고 이름 붙였는데, 여기에는 이야기가 진행되는 시간을 정리했다. 일곱 번째 공책은 '단어장'이었다. 이야기와 관련된 전문 용어들을 따로 정리해두었다. 여덟 번째 공책은 '주제일기'였다. 이야기에서 본인이 하고 싶은 핵심사상이나 주제를 정리했다. 아홉 번째 공책은 '소품기'였다. 이야기에 사용할 물품에 대해 집중적으로 정리하는 곳이다. 열 번째 공책의 이름은 '한결같음의 힘'이었다. 여기에는 매일매일 작업량과 작업시간을 기록했다. 집필 양이나 집필 시간이 달라지지 않고 한결같은 평상심을 유지하는 것이 이야기의 완성도를 높이는 데 중요하기 때문이라고 한다.

그는, 이야기는 몸으로 쓰는 것이 아니라 온몸으로 쓰는 것이라고 했다. 몸이 지치면 이야기도 지치고 몸이 아프면 이야기도 아픈 법이라고 했다. 10권의 공책을 온몸으로 채워나가는 작가의 모습이 떠올랐다. 그렇게 몸을 던지고 영혼을 실어 만든 이야기가 책으로 빚어져 나에게 진한 감동을 준 것이었다. 책이란 작가의 숭고한 정성이 종이로 옷을 지어 입고 활자를 몸에 박은 채 내 앞에 나타난 고귀

한 결정체였다.

시인이자 번역가인 류시화가 기획, 번역, 저술한 모든 책의 판매량을 합치면 1,000만 부가 넘는다고 한다. 그 비밀은 무엇일까? 국내에서도 초베스트셀러가 된 《마음을 열어주는 101가지 이야기》는 미국에서 베스트셀러가 되기 전에 읽은 뒤 저작권 계약을 했고, 2년 동안 세 번이나 다시 번역한 뒤 출간했다고 한다. 인도 여행기 《하늘 호수로 떠난 여행》은 인도 여행을 10년 동안 하고 난 뒤 출판사에 원고를 넘기기까지 글을 고르고 다듬는 데 3년을 쏟아 부었다.

1998년 출간 이후 밀리언셀러가 된 《지금 알고 있는 것을 그때도 알았더라면》은 13년 동안 하나 둘 심혈을 기울여 가려 뽑은 시를 편집한 것이다. 그는 "만약 내가 그 시집의 시를 1년 동안 모았으면 그렇게 읽히지 않을 거라고 봅니다. 그게 13년이란 세월 동안 천천히 모아온 것이기 때문에, 축적된 시간 때문에 읽힐 수 있는 거지요"라고 말했다. 백만 독자의 마음을 움직이려면 먼저 집요한 자기 검열을 통과해야 한다. 그러려면 이토록 오랜 정성이 필요한 것이다.

작가 이외수는 《글쓰기의 공중부양》에서 이렇게 말했다. "인격과 문장은 합일성을 가지고 있다. 문장이 달라지면 인격도 달라진다. 인격이 달라지면 문장도 달라진다." 사람들의 마음을 움직이고 영혼을 흔드는 글을 쓰려면 결국 글을 쓰는 이의 인격이 흔들림을 주어야 한다. 모든 문장에는 그렇게 써질 수밖에 없는 이유가 있어야 한다. 작가의 인격이 정성이라는 관문을 거쳐 활자로 표현되어야, 그런 작품이라야 백만 독자의 마음이 움직인다.

나는 아직 그런 경지에 이르지 못했지만 그래도 나 나름대로 정성을 다하고자 한다. 글쓰기를 시작하기 전에 반드시 무릎을 꿇고 기도한다. 일천한 내 능력으로 글이 써지는 것이 아니라 나를 초월한 힘의 영감으로 글이 써지도록 말이다. 이 책을 쓰는 데 최적의 내용을 발췌하도록 500권을 가려 뽑아 다시 정리하기도 했다. 이 책을 읽은 이들이 작가가 성의 없이 쓴 것이 아니라 자기 나름대로 최선을 다했다는 것을 알아주길 바랄 뿐이다.

> 작가의 인격이 정성이라는 관문을 거쳐 활자로 표현되어야, 그런 작품이라야 백만 독자의 마음이 움직인다.

# 마음을 움직여 즉각 변화를 일으키는 '정성 강의'

안녕하세요? 2년 전 안양대학교에서 DID 강연을 들은 학생입니다. 어느덧 2년이 흘렀습니다. 2년이라는 시간 동안 제 삶은 180도 변했습니다. 가장 큰 계기는 바로 DID 강연이었습니다. 보잘것없던 저에게 엄청난 변화를 주었습니다. 2년 동안 DID한 결과 4.5평점을 받으며 과수석으로 전액 장학금을 받고 학교에 다녔으며 학교에서 주관하는 해외교류프로그램에 들이대 태어나 처음으로 외국도 다녀왔습니다. 이 밖에 DID로 더 많은 것을 경험하고 성취했습니다. 그리고 현재 더 큰 도전을 준비하고 있습니다.

2009년에 나는 안양대학교 학생 400명을 대상으로 2시간짜리 특강을 했다. 그때 강의를 들은 김성선 학생이 2011년 12월 11일에 보내온 메일 내용이다. 나는 성선이에게 답장을 보냈고 성선이는 내 연구실까지 찾아왔다. 성선이에게 이야기를 들어 보니, 그는 그 강의를 듣기 전까지 특별한 목표도 없었고 명문대생이 아니라는 열등감으로 무엇을 해야겠다는 의욕도 없었다고 했다. 그런데 DID 강의를 들으며 저렇게 하면 충분히 할 수 있겠구나 하는 생각이 들었다고 했다.

그때부터 최선을 다해 공부하고 학교에서 하는 여러 프로그램에 도전한 결과 2년 동안 올 A$^+$를 받고 해외연수까지 다녀올 수 있었다고 했다.

성선이 이야기를 들으며 뿌듯하기도 했지만 가슴 한쪽이 묵직해지는 느낌도 들었다. 2009년은 내가 강의를 시작한 지 1년도 채 되지 않은 때였다. 그래서 무조건 열심히 최선을 다해야 한다는 마음이 강했을 뿐 강의의 영향력과 의미에 대해서는 미처 깊이 생각하지 못했다. 성선이처럼 타인의 인생에 큰 변화를 만들어낼 거라고 짐작하지 못했던 것이다.

성선이와 만난 뒤 한동안 잠을 이루지 못하고 강의에 대해 고민했다. 내가 준비한 강의내용을 사람들에게 다 전달하기만 하면 되는 것이 아님을 깨달았다. 강의가 사람들의 마음을 움직이고 나아가 그들이 새로운 미래를 향해 실제로 한 발자국 내디디도록 만들어야 한다고 생각하게 되었다. 그 뒤 강의에 임하는 내 자세도 많이 바뀌었다.

## 아직 만나지 않은
## 사람들을 위해 기도하다

내 강의는 강의 의뢰를 받는 순간 시작된다. 강의 요청을 받으면 강의를 듣게 될 사람들에 대해 최대한 상세히 알아본다. 그들이 하는 일, 연령대, 성별 구성, 근무 연한, 그들의 주요 관심사, 그들이 최근 보여준 행동의 특징 그리고 강의에서 얻고자 하는 것 등이다. 이런 사항들은 교육담당자와 그 조직의 홈페이지나 언론자료 등을 통해 파악한다. 나는 이러한 객관적인 정보뿐만 아니라 그들이 심적으로 어떤 상태이며 실제로 어떤 어려움에 직면했는지 알려고 노력한다. 이를 위해 그들이 속한 직업이 사회경제적으로 어떤 상황인지 파악하고 그 업에 종사하는 사람들과 미리 이야기를 나눈다.

예를 들어 '공공기관 신규 진급자들의 실행력 향상'에 관한 강의 의뢰가 들어왔다고 하자. 나는 그들에 관해 객관적인 정보를 파악한다. 그리고 그와 비슷한 상황에 놓인 사람을 찾아 이야기를 나누면서 일을 하며 실제로 가장 힘든 점이 무엇인지 질문한다. 그 일을 통해 어떤 꿈과 비전을 가지고 있는지도 묻는다. 이런 과정을 거쳐 공공기관에서 강의하면 다른 강의 대상자들에게는 하지 않는 내용이 추가된다.

"저는 여러분이 무척이나 힘들 거라고 생각합니다. 여러분이 샌드위치 상태에 있기 때문입니다. 예전에 공무원은 어느 정도 권위가 있었습니다. 하지만 지금은 공무원도 서비스직이 되었습니다. 고객들을 만족시켜야 하고 그 만족도를 평가받습니다. 물론 국민에게 봉사하는 것이 당연한 본분이지만 공무원이라고 함부로 대하는 블랙컨슈머를 만날 때면 속이 시커멓게 타들어갑니다. 지방자치제가 되면서부터는 위로부터 단기간에 성과를 내야 한다는 압박을 심하게 받을 것입니다."

이런 내용을 이야기할 때 강의를 듣는 그들의 눈빛과 표정이 확연히 달라지는 것이 눈에 띈다. 이렇게 강의를 듣는 이들의 구체적인 상태를 교감한 다음, 그럼에도 그들의 일이 얼마나 중요한지, 그들의 사명감이 국가의 유지와 발전에 얼마나 필요한지 이야기한다. 지금까지 많은 공공기관에서 다양한 계층을 대상으로 강의했다. 그때마다 그들의 진심어린 박수와 감사의 인사를 받지 않은 적이 없다.

강의 의뢰를 받았을 때 하는 일이 또 한 가지 있다. 내가 만나게 될 사람들을 생각하면서 그들을 그리워하고 그들을 위해 기도하는 것이다. 그들에 대한 정보를 파악하고 그들이 어떤 상황에 놓여 있는지를 머리로만 이해하는 것이 아니라 심정에 최대한 공감하려고 그들의 마음을 상상하며 묵상한다. 그들의 희로애락이 내게도 그대로 전해지기를 바라면서 깊이 명상에 잠긴다. 그들의 얼굴을 그려보며 그들과의 만남을 기대한다. 그리고 그들을 위해 기도한다. 나와 만남으로써 그들의 삶에 변화가 있기를, 그들의 생각이 주도적으로 바뀌기를, 강의를 마치면 작은 것이라도 바로 행동에 옮기기를.

이렇게 묵상하며 기도하고 강의장에 도착해서 그들의 얼굴을 보면 마치 전에 만난 적이 있는 사람들처럼 느껴진다. 언젠가 함께 생활했던 것 같은 느낌이 든다. 그래서 나는 교육진행자가 강사를 소개하면 바로 강의를 시작하지 못한다. 아무 말도 하지 않고 그들의 얼굴을 바라본다. 인사를 하고 마이크를 든 뒤 왼쪽 맨 앞에 앉은 사람부터 중간에 있는 사람들을 거쳐 맨 오른쪽에 앉은 사람들까지 쭉 살피며 그들의 얼굴을 정면으로 마주 보고 눈을 맞춘다. 그러면 이런 생각이 든다. '내가 그렇게 그리워하고 만나고 싶어하며 기도한 분들이 바로 이분들이구나. 이분들이 오늘 내 강의를 듣고 인생의 반전을 시도할 분들이구나.' 강사 소개가 끝난 뒤 한동안 이렇게 침묵하는 시간이 흐르면 교육생들이 다소 어색해하기도 한다. 그러나 강의가 시작되고 강의에 내 혼이 깃들어 있는 모습을 보는 순간 그들은 이해한다. 웅변을 하기 위한 침묵이었다는 것을 말이다.

## 눈물, 회복, 결심, 나눔이 있는 강의

강의에는 지식과 정보를 전하기 위한 전달형 강의와 청중의 마음을 흔들어 그들의 행동까지도 변화를 촉발해야 하는 동기부여형 강의 두 종류가 있다. 나는 동기부여형 강의를 하는 강사다. 생전 처음 보는 사람들을 만나 말로 그들을 감동시키고 그들이 행동으로까지 옮기게 하는 것은 절대로 만만한 일이 아니다. 다행스럽게도 내 강의는 즉각적인 성과로 이어지는 경우가 많아 연간 300번이나 강의를 한다.

모 기업의 교육담당자가 다급한 목소리로 전화를 한 적이 있다. 부산에 있는 한 센터의 조직이 흔들려 많은 직원이 이탈할 조짐이 보인다는 것이다. 조직에 특별한 문제가 있어서라기보다는 시장 상황이 어려워지면서 다른 곳으로 가면 뭔가 더 좋은 것이 있지 않을까 하는 마음 때문이었다. 사실 나도 그 업종의 전체 흐름을 어느 정도 알고 있었는데, 그 어려움이 다른 회사로 옮겨간다고 해서 해결되는 것은 아니었다. 그보다는 자신의 능력을 향상시켜 이겨나가야 할 문제였다.

긴급 특별 교육시간을 편성해 3시간 동안 강의하게 되었다. 나는 강의하러 가기 전에 그들의 어려움을 생각하며 그들이 회사까지 옮기고자 하는 힘든 마음을 읽으려 묵상했다. 그들이 내 강의를 듣고 올바른 방향을 찾을 수 있도록 기도했다. 그리고 그들에게 어떤 메시지를 전해야 할지 정리했다. 그들을 만났을 때 그들의 얼굴을 찬찬히 살펴보았다. 그들을 이미 본 적이 있다는 느낌이 들었다. 준비한 메시지들이 나도 모르게 내 입에서 흘러나왔다. 3시간이 어떻게 지났는지 몰랐다. 여직원들이 많아서였는지 강의가 진행되는 동안 여기저기서 훌쩍이는 소리가 들렸다. 강의를 마치고 돌아온 다음 날 교육담당자에게서 연락이 왔다. 그 다음 주에 다른 곳으로 옮기기로 한 직원 7명이 내 강의가 끝나자마자 센터장에게 찾아와 자기들이 잘못 생각한 것 같다며 계속 열심히 하겠다고 말했다는 것이다.

이 사건은 그 기업에서 빠르게 회자되며 소문이 퍼져나갔다. 그날 이후 나는 그 기업의 전국 센터를 다니며 강의를 해야 했다. 강의를 진행한 대부분의 센터에서 강의가 끝난 그날부터 판매 실적이 향상되었다는 피드백이 왔다. 물론 이러한 현상이 모든 조직에서 나타나는 것은 아니다. 일의 특성상 수강생들의 마음가짐과 태도가 바로 실적과 연결되기 때문이기도 했다. 그리고 그러한 변화가 강의를 들은 모든 사람에게 적용되는 것도 아니다. 개인의 심리적 상황과 여러 맥락이 강의와 잘 맞아떨어진 덕분이었다. 그럼에도 많은 이들이 실제로 행동에 변화를 보이고 성과가 향상되었다는 소식에 정말 감사했다.

나 자신이 강의를 들으며 마음이 움직이고 나도 저런 일을 해보고 싶다고 느낀 것은 6년 전쯤 '성공하는 사람들의 7가지 습관' 교육과정에 참석했을 때였다. 강의를 듣는 내내 심장이 요동치고 가슴이 뜨거웠다. 그동안 나는 이게 아닌데 하는 생각을 하면서도 무엇을 어떻게 해야 할지 몰라 갈팡질팡했다. 그런데 그 강의를 들으며 인생에 대한 태도와 나 자신에 대한 인식을 바꿀 수 있었다. 그리고 마지막 시간에 자기의 미래 모습을 생각하며 가장 그리고 싶은 한 장면을 그려보라는 과제가 주어졌을 때 나는 하버드대학에서 강의하는 모습을 스케치했다. 교육이 끝난 뒤 내 마음을 흔든 강의를 해주신 정병창 교수님께 들이댔다. 꼭 식사를 같이하고 싶다고 말씀드리고 그 자리에서 바로 식사 약속을 잡았다. 정 교수님과 만나서 대화를 나눠보니 그 자신도 10년 전에 직장생활을 하면서 뭔가 탈출구를 찾을 때 이 교육을 알게 되어 이 길로 접어들었다고 했다.

이후 내가 직장생활을 정리하고 강의를 시작했을 때 정 교수님은 나에게 첫 강의를 할 기회를 주셨다. 바로 한국리더십센터의 직원들과 교수들을 대상으로 한 강의였다. 매주 월요일 사내교육을 진행하는데 초빙강사로 불러주신 것이다. 그때 내가 어떻게 강의했는지 잘 생각도 나지 않는다. 너무 떨려서 앞에 앉아 있는 사람들 얼굴도 제대로 보지 못했다.

그렇게 정신없이 강의를 마쳤는데 내가 미처 생각지 못한 놀라운 일이 일어났다. 강의를 들은 사람들이 나와 인사를 나누려고 길게 줄을 선 것이다. 그날 이후 며칠 동안 이메일을 많이 받았다. 그렇게 열정적인 강의는 처음 들었다고 했다. 어떻게 그런 감동적인 강의를 할 수 있느냐고 물었다. 정 교수님도 전화를 하셨다. 내 강의가 끝난 뒤 많은 분에게서 훌륭한 강사를 초청해주어 고맙다는 인사를 받았다는 것이다. 강의를 들은 직원들 중 몇몇은 내 사무실로 직접 찾아와 이야기를 나누었다. 태어나서 처음으로 기업 강의를 한 것인데 어째 이런 일이….

시간이 좀 지나 마음을 가라앉힌 뒤 내 강의와 강의가 끝난 뒤의 피드백을 돌아보며 찬찬히 분석하고 생각했다. 핵심은 이것이었다. 살아 있는 이야기를 했다는 것이다. 내 이야기가 날것처럼 살아 있었다는 것이다. 중간 중간 더듬기도 하고 파워포인트 자료도 어설펐지만 경험담이었기에 자기 이야기에 몰입되어 침이 튀는 것도 모르고 온몸을 던져 강의하는 모습이 이미 수많은 강의를 들어 비판적인 시각으로 바라보던 청중을 흠뻑 매료한 것이다.

첫 번째 강의를 한 뒤 내 강의에 꼭 있었으면 하는 네 가지를 정했다. 눈물, 회복, 결심, 나눔이 그것이다. 내 강의를 들은 사람이 자신을 다시 소중히 여기고 사랑하게 되면서 '눈물'을 흘리기를 바랐다. 그것을 통해 자기 꿈을 '회복'하고 그 꿈을 이루려고 스스로 변화하기로 '결심'하기를 희망했다. 그리고 그런 변화 과정과 결의를 함께한 사람들과 나누며 서로에게 힘과 격려가 되기를 소망했다.

다행히 강의를 마칠 때마다 보내오는 교육생들의 진솔한 감사 문자와 이메일 그리고 갑작스러운 방문은 이러한 내 바람이 헛된 것이 아니었음을 느끼게 해주어 고마울 따름이다. 강의 듣는 사람들의 변화를 이끌어내는 강의를 하려고 나는 오늘도 몸과 마음의 모든 정성을 기울인다.

> 나는 내 강의에 꼭 있었으면 하는 네 가지를 정했다.
> 눈물, 회복, 결심, 나눔이 그것이다.

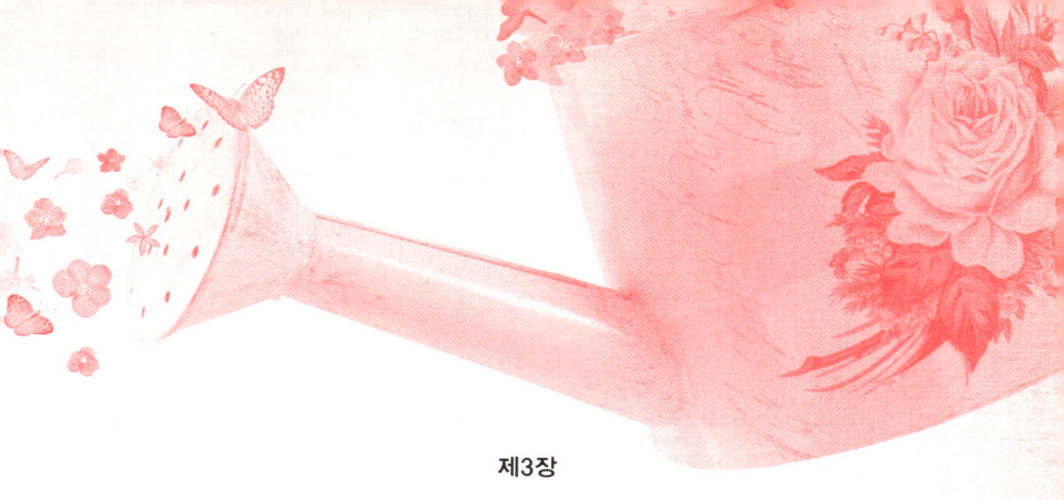

제3장

# 내 꿈을 완성시키는 마지막 1% 정성의 원리

정성이란 무엇인가?
왜 나는 정성을 다하지 못하는 걸까?
명품 정성, 짝퉁 정성
정성은 능력이 아니라, 연습으로 완성된다
작은 정성이 쌓이고 쌓여 큰 믿음이 된다
정성은 '차별화'의 실제 내용이다
정성은 '간절한 집중'으로 구현된다
정성은 생각, 감정, 행동의 트리플 악셀이다

# 정성이란 무엇인가?

"정성에는 세 가지 속성이 있다. 그것은 꿈, 사랑, 감동이다."

꿈이 없는 사람은 매사에 정성을 다하지 못한다. 사전에는 정성을 '온갖 힘을 다하려는 참되고 성실한 마음'이라고 풀이해놓았다. 꿈이 없다는 것은 온갖 힘을 다해 이루고 싶은 대상이 없다는 것이다. 그러니 꿈이 없는 이는 무기력하고 작은 장벽에도 쉽게 좌절하며 포기하고 만다. 반면에 꿈이 있는 사람은 어떤 고난과 시련이 있어도 쉽게 굴복하지 않는다. 삶에서 기필코 이루어야 할 꿈이 있으므로 작은 일에도 정성을 다한다.

몇 해 전 드라마 〈동이〉를 참 흥미롭게 보았다. 동이는 조선시대 최하급 계층인 천민 무수리 출신 여성이다. 놀랍게도 그녀는 나중에 조선의 19대 왕인 숙종의 후궁이 된다. 더욱 놀라운 것은 그녀의 아들이 바로 탕평책과 균역법을 시행하고 백성들의 삶의 질을 개선한 탁월한 임금 영조라는 사실이다. 어떻게 그런 일이 가능했을까? 얼굴이 예뻐서 왕의 눈에 띄어 후궁이 되는 것은 얼마든지 가능한 일이다. 하지만 그 아들이 왕위에 오른다는 것은 좀처럼 쉽지 않은 일이다. 서양식으로 표현하면 여자 노예가 황제의 어머니가 된 것이다. 얼마 뒤 나는 드라마에서 그 가능성의 실마리를 보았다.

동이가 힘든 하루 일을 마치고 어슴푸레 달빛이 비치는 누각에 앉아 달을 보며 혼잣말을 했다. "아버지, 아버지가 저 어렸을 적에 그러셨잖아요. 사람이 귀하고 천한 것은 그 사람의 신분에 따르는 것이 아니라 마음에 달려 있다고요. 마음에 천한 것을 품으면 천해지고 귀한 것을 품으면 귀해진다고요."

그녀는 천민 신분이었음에도 꿈을 포기하지 않고 마음에 깊이 품었다. 그녀의 꿈은 그녀가 삶에 정성을 다하도록 했고 마침내 국모 자리에까지 오르게 한 것이다. 그처럼 꿈은 정성을 낳고 정성은 꿈을 완성시킨다.

뮤지컬영화 《레미제라블》에서는 정성의 다른 속성인 '사랑' 이야기가 펼쳐진다. 빵 한 조각을 훔친 죄로 오랜 세월 감옥에서 보낸 장발장은 도주에 성공해 훌륭한 사업가 겸 시장으로서 새로운 삶을 살고 있었다. 그런데 자신과 얼굴이 비슷한 다른 사람이 장발장으로 오인되어 재판을 받게 되었다는 소식을 듣고 그는 고뇌한다. 자신이 장발장이라는 사실을 밝히지 않으면 도망자 신세에서 완전히 벗어날 수 있었다. 하지만 다른 사람이 무고하게 희생되고, 그러면 자신은 영원히 구원받지 못할 것이다. 반대로 사실을 밝히면 다시 또 끔찍한 수감 생활을 해야 한다. 그는 깊은 고뇌 끝에 자백을 결심하고 법정에 가서 증언한다. 그런데 법정에서는 그가 평소에 자선활동을 많이 하다 보니 죄인을 동정해서 그러는 것으로 알고 돌려보낸다. 하지만 자베르 경감은 그를 알아보고 체포하려 한다. 이때 장발장은 운명처럼 코제트라는 사랑스러운 소녀를 만나게 되고, 그녀에게 좋은 아빠가 되어야겠다고 결심한 뒤 코제트를 데리고 다시 탈출한다. 시간이 흘러 코제트가 성인이 되었을 때 그녀는 혁명에 열성적으로 참여하고 있던 청년과 한눈에 사랑에 빠진다. 그런데 청년은 전투 중에 총에 맞아 죽음의 위기에 처한다. 장발장은 사랑하는 수양딸 코제트에게 이제 자신보다는 그 청년이 필요하다는 것을 깨닫는다. 그는 심한 부상을 입은 청년을 죽음에서 구해내려고 더러운 하수도관을 통과한다.

    장발장이 청년을 탈출시키는 장면은 참으로 처절하다. 청년을 포기하지 않고 혼신의 힘을 다해 끌고 가는 장면은 보는 사람마저 힘들게 했다. 그가 그렇게 최선을 다한 것은 수양딸 코제트를 사랑하기 때문이었다. 그 덕분에 코제트와 청년은 결혼식을 올리게 된다. 진심으로 사랑하게 되면 진심으로 정성을 다하게 된다. 정성은 사랑을 잉태하고 있으며, 사랑은 정성을 통해 아름다운 빛을 발하게 된다. 정성은 또한 '감동'이다. 누구든 정성을 목격하면 스르르 마음이 움직인다.

어느 여름날, 나는 연구실에서 새로운 강의안을 준비하느라 여념이 없었다. 그런데 웬 청년 하나가 불쑥 들어왔다. 대학생 아니면 이제 막 대학을 졸업한 정도로 보이는 청년이었다. 한 손에는 음료수 박스를 들고 있었다. 깜짝 놀라서 누구냐고 물었다. 그는 공손하게 인사하더니 "대표님 덕분에 이번에 취업하게 되어 감사드리려고 왔습니다"라고 대답했다. 나는 자리를 권하며 좀 더 자세한 이야기를 들려달라고 부탁했다.

청년은 천안에 있는 대학교를 졸업했다. 학점도 그리 좋지 않았고 토익 점수는 아예 없었다. 그 상태로 그는 29개 기업에 입사지원서를 냈다. 그중 서류를 통과한 9개 기업의 면접에 응시했으나 8개 기업에서 떨어졌다. 그리고 마지막 1개 남은 제약회사의 최종면접을 닷새 앞두고 '성공을 도와주는 가게'에서 열린 DID 세미나에 참석했다.

그는 마지막 회사에서도 떨어질 거라고 생각했다. 그런데 세미나에서 여러 사례를 들으며 자신도 온 정성을 다해 뭔가를 시도하면 될지도 모른다는 희망을 갖게 됐다. 그는 심장이 터질 것 같은 느낌으로 면접장에 가기 전에 면접관들에게 전할 편지를 썼다.

스펙은 많이 부족하지만 그 못지 않은 뜨거운 열정과 의지를 가지고 있노라고 한 글자 한 글자 정성을 다해 썼던 것이다. 응시자들이 질의응답을 마치고 면접장을 나오기 직전 그는 손을 번쩍 들고 말했다. "이 짧은 시간에 저의 이 뜨거운 심장을 다 보여드릴 수 없을 것 같아 편지를 써왔습니다." 그리고 면접관 책상 위에 편지를 놓고 나왔다. 그는 이틀 후 최종 합격 문자를 받았다.

정성에는 안 될 것 같아 보이는 일도 되게 만드는 힘이 있다. 정성은 사람의 마음을 움직이는 열쇠이며 하늘마저 감동시키는 마법이다. 꿈, 사랑, 감동이 모두 충족되어야 '정성을 다한다'고 할 수 있다. 자신이 꿈꾸는 일이나 사랑하는 대상을 위해 몸과 마음을 다 바쳐 모든 노력을 쏟아 붓는 것. 그래서 사람은 물론 하늘까지도 감동받을 수 있게 하는 태도가 바로 정성이다. 매일 밤, '오늘도 정성을 다하며 살았구나'라고 생각하며 잠든다면 그만큼 행복한 삶도 없을 것이다.

# 왜 나는 정성을
## 다하지 못하는 걸까?

충남 금산에서 강의를 마치고 KTX를 타려고 대전으로 가는 택시를 불렀다. 문을 열고 택시에 오르는데 기사분이 "안녕하세요!" 하고 우렁찬 목소리로 활기차게 인사를 건넸다. 나는 나도 모르게 "네. 안녕하세요, 기사님!" 하고 화답했다. 그리고 뒷좌석에 탔는데 보조석 의자의 머리 부분이 분리되어 있었다. 이게 왜 분리되어 있느냐고 물으니 "그래야 손님 시야가 편하시잖아요"라는 대답이 돌아왔다.

택시를 타고 가는 동안에도 흥미로운 장면이 펼쳐졌다. 대전으로 가는 내내 기사분의 휴대전화가 쉬지 않고 울렸다. 모두 그의 택시를 부르는 전화였다. 그는 지금 손님을 모시고 대전으로 가는 중이니 다른 분을 보내겠다고 얘기하고, 다른 기사에게 전화를 걸어 어느 동네 누구에게 가보라고 일일이 전화했다. 나는 의아해서 그에게 물었다.

"아니, 불렀던 택시가 운행 중이면 손님이 다른 택시를 부르면 되지 왜 기사님께서 다 연결까지 해주시나요?"

"아, 그분들은 전부 제 단골이거든요. 저를 찾는 분들이기 때문에 제가 못 가더라도 책임지고 다른 사람을 보내드리는 거죠. 그럼 다른 기사들한테도 좋고요."

나는 손님들이 왜 그렇게 많이 찾는지 질문했다. 그는 다소 들뜬 목소리로 상세히 설명해주었다. 현재 금산 인구가 대략 5만 2,000명인데 해마다 줄어드는 추세다. 게다가 예전에는 인삼을 사러 직접 오는 사람들이 많아 택시 영업도 할 만했지만 최근에는 택배가 발달해서 사람들이 금산까지 오지 않고 집에서 온라인으로 주문을 했다. 결국 자체 인구도 감소하고 방문객도 줄면서 벌이가 빠르게 줄어들었다. 그는 이러한 상황을 큰 위기로 받아들이고 일하는 방식을 바꾸기로 결심했다. 지금까지 하던 방식으로는 생존할 수 없으니 할 수 있는 최고의 정성으로 손님을 모시기로 한 것이다.

금산은 주로 시골 마을로 이루어져 노인 손님이 많았다. 그는 노인 손님이 병원에 간다고 하면 입원 수속도 밟아주고 시장에 필요한 게 있으면 장도 봐주었다. 그리고 한밤중에라도 무슨 일이 생기면 언제든 연락하라고 했다. 그는 전화 목소리만 들어도 어떤 손님인지 알고 그 집 사정을 집안 식구처럼 파악하고 있었다.

그 덕분에 그의 월수입은 다른 기사들의 5배가 넘었다. 나는 그의 설명을 들으면서 계속 감탄했다. '야! 택시영업을 하면서 저렇게 깊이 고민하고 정성을 다하는 사람이 있구나. 역시 어느 곳에나 배워야 할 스승은 있구나.' 나는 금산에 갈 일이 있으면 그에게 전화를 한다. 그는 아무리 이른 시간이어도 항상 활기찬 목소리로 전화를 받는다.

그는 주변에 있는 동료 기사들에게도 영업 환경이 어려우니 고객에게 좀 더 정성을 다하는 서비스를 해보라고 권했다. 그러나 다른 기사들은 대부분 '택시기사가 그런 일까지 할 필요가 뭐 있느냐'며 그의 조언을 받아들이지 않았다.

서울에 와서 택시를 탔을 때 기사분에게 물었다.

"요즘 어떠세요?"

"아휴, 말도 마세요. 죽겠어요. 연료비는 오르고 경기 안 좋다고 택시 타는 사람은 줄고. 하루 사납금 맞추기도 장난이 아닙니다."

나는 그 기사에게 금산에서 '정성 택시영업'을 하는 기사분 사례를 들려주었다. 그러자 그는 이렇게 말했다.

"어이구, 그거야 시골이니까 가능한 얘기죠. 서울에서 누가 그렇게 합니까?"

그의 대답을 듣고 가슴이 답답해졌다. 결국 그 사람의 생각이 그 사람의 행동을 결정했다. 어떤 사람들은 '택시기사가 뭐 그런 일까지 할 필요가 있느냐'고 하고, 어떤 이들은 '거긴 시골이니까 그렇지'라고 생각하면서 영업이 안 되는데도 이전에 해오던 행동방식을 그대로 답습했다.

그런 그들에게 영업이 안 되는 원인이 뭐냐고 물으면 세상이 살기 힘들어졌고 경기가 좋지 않아서라고 대답했다. 물론 경기처럼 거시적인 요인이 영업실적에 영향을 미치는 건 맞다. 하지만 신기하게도 똑같이 어려운 환경에서도 돈을 버는 사람은 분명 있다. 다 같이 어렵지만 뭔가 다르게 하는 사람들은 그 환경의 영향에서 벗어나 오히려 평소보다 돈을 훨씬 더 벌기까지 한다. 왜 그럴까?

내가 지금 괴롭고 가난한 원인을 내가 통제하지 못하는 요인에서 찾으면 현재의 힘든 상황에서 단 한 발자국도 벗어날 수 없다. 세상이나 경기 같은 것은 내가 통제할 수 있는 요인이 아니다. 따라서 그것들이 잘못되었을 때 내가 할 일은 아무것도 없다. 문제의 원인을 바꾸지 못하므로 당연히 결과도 바꿀 수 없다. 내 탓이 아니니 정성을 쏟으려는 생각조차 할 수 없다. 결국 세상을 탓하며 애꿎은 소주병만 비운다면 나와 가족의 인생이 함께 병들어간다. 그러니 내가 바꾸지 못하는 것은 접어두자. 직장동료, 상사, 회사, 경쟁자, 국가 경제 등도 지금의 내가 어쩔 수 없는 것이다.

내가 안 되는 원인은 내게서 찾아야 한다. 그렇다면 그 원인을 내가 바꿀 수 있다. 내가 생각하는 방식, 손님을 대하는 태도, 영업하면서 할 수 있는 여러 가지 아이디어와 행동은 나 스스로 바꿀 수 있다. 이런 것들을 바꾸면 영업 실적이 분명히, 틀림없이, 반드시 좋아진다. 이것들은 돈이 필요한 것도 아니다. 그냥 내 말과 생각과 행동만 바꾸면 된다.

처음부터 자신이 통제할 수 없는 요인만 탓하면 결국 아무것도 바꾸지 못하고 인생을 마감하게 된다. 하지만 처음에 자신이 통제할 수 있는 요인에서 작은 변화를 만들기 시작하면 나중에는 통제할 수 없는 요인까지 바꿀 능력이 생긴다. 나를 바꿈으로써 결과가 바뀌고, 결국 내가 영향력이 더 큰 위치까지 올라간다면 그때는 내가 예전에 바꿀 수 없었던 요인 중에서도 바꿀 수 있는 것들이 생긴다.

지금 내 삶이, 내 인생이 안 풀린다면 지금까지 해온 내 방식에 문제가 있다고 생각하자. 내가 과거의 늪에서 빠져나오지 못하도록 내 정신을 집요하게 붙들고 있는 '생각 물귀신'을 당장 물리치자. 잘 모르겠으면 잘하는 사람들이 어떻게 다르게 생각하고 행동하는지 관찰하자. 그리고 일단 그들을 흉내 내기부터 해보자. 그러면 원인을 바꾸니까 결과도 바뀐다는 사실을 경험할 것이다. 그런 경험은 작더라도 큰 영향을 미친다. 나를 바꾸는 경험, 그래서 결과도 좋게 바뀌는 경험을 한번 하면 재미가 붙고 용기가 생기면서 새로운 시도를 하게 된다. 이제 할 수 있는 것부터 해보자. 그래야 할 수 없었던 것까지 할 수 있다.

# 명품 정성,
# 짝퉁 정성

얼마 전 재미있는 기사를 보았다. 가방을 판매하는 사람이 '짝퉁'이라고 밝히고 팔았더라도 다른 사람들이 진품이라고 혼동할 염려가 있으면 판매자를 처벌해야 한다는 대법원 판결이 나왔다는 내용이었다. 그 판매자는 시가 150만~180만 원 상당의 V사 가방의 짝퉁을 자신의 인터넷 쇼핑몰에서 1만 9,000원에 판매한 혐의로 기소됐다. 1심과 2심에서는 무죄를 선고받았는데 마지막 대법원에서 뒤집어진 것이다.

이렇게 짝퉁 제품이 만들어지고 유통되는 것은 그만큼 수요가 있어서일 텐데 왜 사람들은 짝퉁인 줄 알면서도 사고 싶어할까? 아마도 타인의 시선 때문일 것이다. 내가 무엇을 들고 있는지에 따라 나를 보는 다른 사람의 시선이 달라질 거라고 생각하는데, 명품은 살

수가 없으니 짝퉁을 사는 것이리라.

그런데 짝퉁의 이런 '자존심 UP' 기능은 다른 부작용을 낳는다. 그것은 '자존감 DOWN' 증상이다. '자존심'은 타인과 비교하는 관점에서 자기를 높게 생각하는 마음이다. 반면에 '자존감'은 타인의 시선과 상관없이 자신을 진심으로 존중하고 사랑하는 마음이다. '짝퉁'은 다른 사람들로부터 내 '자존심'은 지켜줄지 모르나 '자존감'은 한없이 무너뜨리고 만다. 남들이 내가 들고 있는 명품을 칭찬해도 나 자신은 진실을 알기 때문이다.

시계 하나가 8억 원에 팔려 화제가 된 적이 있다. 시계에 온통 다이아몬드가 붙어 있어서 그랬던 것은 아니다. 그 시계에는 어떤 보석도 달려 있지 않았으며 옻칠이 되어 있을 뿐이었다. 그 시계를 8억 원으로 만든 옻칠을 한 사람이 전용복 선생이다.

선생은 일본의 국보급 연회장인 메구로가조엔의 옻칠 작품을 복원하고부터 세상에 알려졌다. 1931년 건립된 메구로가조엔은 약 2만 6,450제곱미터의 연회장 전체가 화려하고 아름다운 옻칠 작품으로 장식되어 있는 일본의 대표 문화재다. 1980년대 후반 이곳의 복원공사를 하면서 총책임을 맡은 사람이 바로 전용복 선생이다. 메구로가조엔의 복원 공사규모는 1조 원이 넘었다. 선생은 그 엄청난 대공사를 완벽하게 해냄으로써 일본 옻칠 역사에 한 획을 그은 것으로 평가받았다.

일본에는 옻칠 장인이 몇천 명 있다. 그런데 어떻게 일본의 대표적 문화재 복원공사를 한국인인 전용복 선생이 맡아서 하게 되었을까? 답은 의외로 소박했다. 언젠가 선생이 운영하는 부산 공방에 한 일본인이 찾아왔다. 그는 아서원이라는 음식점에서 왔다며 작은 밥상을 수리해달라고 했다. 그가 밥상을 수리해준 뒤 며칠이 지나 전화가 왔다. 똑같이 수리해야 할 밥상이 천 개 정도가 된다고 했다. 그 음식점이 바로 일본 최고의 연회장인 메구로가조엔이었다. 소박하지만 참으로 놀라운 이야기가 아닐 수 없었다. 만일 선생이 작은 밥상 하나라고 해서 적당히 고쳐서 보냈다면 1조 원의 공사를 맡는 기회가 왔을까?

선생은 늘 배우려 애쓴다고 한다. 옻칠 비법을 체득하는 데 배울 것이 있다면 일본이든 한국이든, 남녀노소를 가리지 않고 달려간다. 그는 작품의 완성도를 높이기 위해 아무리 사소한 것이라도 사소하게 여기지 않고 최선을 다해 배우고 심혈을 기울인다. 자신이 할 수 있는 모든 정성을 짜낸다. 이것이 바로 선생이 옻칠한 시계가 8억 원이 될 수 있는 비결이다.

이렇듯 명품은 단순한 제품이 아니라 그것을 만든 사람의 정신이 오롯이 스며들어 있다. 명품에 감동받는 것은 단순히 겉으로 보기에 예뻐서가 아니라 작품의 작은 틈에까지 배어 있는 만든 이의 피와 땀과 눈물이 느껴지기 때문이다.

나 역시 명품 정성을 연달아 체험하고 감동받은 적이 있다. 〈세상을 바꾸는 시간 15분〉 〈TEDx Daejeon〉 〈나의 꿈을 소리치다〉 등 방송과 인터넷을 통해 영상이 전파되는 강의를 많이 하면서 내겐 제대로 된 프로필이 필요했다. 가까운 CEO들이 명품 프로필을 찍으려면.박초월 작가에게 가보라고 추천해주었다. 박초월 작가와 연락해서 촬영 일정을 잡았다. 문제는 의상이었다. 프로필 촬영이 여러 가지 콘셉트로 진행된다고 해서 의상을 다양하게 준비해야 했다. 촬영할 박 작가에게 조언을 구하니 명품 프로필을 찍으려면 명품 슈트를 입어야 한다면서 맞춤 정장 전문인 〈스튜디오 더 수트〉를 추천했다.

구체적으로 상담하려고 그곳을 찾았다. 직접 가서 보니 소재와 스타일이 한눈에 쏙 들어왔다. 주로 비즈니스 리더들과 결혼을 앞둔 신랑들이 많이 찾는 곳이었다. 작가가 연락을 해둔 덕에 〈스튜디오 더 수트〉의 대표가 직접 상담을 해주었다. 대표는 자신들이 만든 슈트를 입은 분들이 성공과 자부심의 상징이 되기를 바란다고 했다. 그 때문에 슈트를 맞추는 한 분 한 분의 체형과 독특한 분위기에 맞는 유일한 슈트를 만드는 데 초점을 맞추고 그 순간순간에 정성을 다한다는 것이다. 이야기를 나누다 보니 신뢰감이 생겨 바로 치수를 쟀다. 머리에서 발끝까지 부분부분 꼼꼼하게 쟀다. 나는 어깨가 약간 굽었고 배가 조금 나왔으니 그 부분을 보정하면서 펑퍼짐하게 보이지 않도록 날렵하면서도 신뢰감을 주는 스타일의 옷을 만들어 보겠다고 했다. 최종 슈트가 나오기 일주일 전에 가봉을 하러 갔다. 아직 듬성듬성 바느질만 했는데도 입어보니 깜짝 놀라 입이 벌어질 만큼 멋진 스타일이 나왔다. 대표는 어깨의 폭을 0.5센티미터 줄이는 게 좋겠다며 멋진 작품이 탄생할 것 같아 기대된다고 했다.

슈트가 나오는 날 다시 방문했다. 완성된 슈트를 입었을 때 거울 속에 비친 사람이 나 같아 보이지 않았다. 나와는 전혀 다른, 스타일리시한 남성이 서 있었다. '옷이 날개라더니 옷 한 벌 바꿔 입었을 뿐인데 사람이 이렇게 달라질 수 있구나' 하고 놀랐다.

　프로필을 촬영하려면 머리손질과 메이크업이 필요하다고 해서 '작은 차이'라는 가게를 찾았다. 평소 사우나에서 이발만 하던 나로서는 생소하고 어색했다. 머리손질을 맡아준 고훈 실장은 남자 연예인들이 많이 찾는 디자이너라고 했다. 인상이 참 좋고 편안해 보여 부담을 덜 수 있었다. 그의 손놀림은 재빠르면서도 섬세했다. 마무리 단계에서는 머리카락 한 올 한 올의 위치까지 세심하게 신경 썼다. 부드러운 인상임에도 머리를 손질할 때 거울 속에 비친 그의 눈빛은 날카롭게 번쩍였다. '역시 괜히 입소문이 나는 것이 아니구나' 하는 생각이 들었다. 프로의 손길은 달랐다. 머리손질과 메이크업을 마치고 맞춤 정장을 입은 다음 프로필 촬영장으로 향했다.

　프로필 촬영은 내게 뜻하지 않은 치유의 시간이 되었다. 사진을 찍는 것이 그렇게 마음의 위안까지 줄 줄은 전혀 몰랐다. 박 작가는 내게 두 시간 정도 동심으로 돌아가 마음껏 즐기면 된다면서 신나는 음악을 틀어주었다. 다양하고 재미있는 동작을 주문하며 먼저 재미있는 포즈를 취해 보여 나를 웃게 만들었다. 쩌렁쩌렁한 목소리로 스튜디오가 떠나갈 듯 소리치며 이야기했고 펄쩍펄쩍 뛰면서 나보다 더 크게 웃었다. 어느새 몸과 마음이 편해지면서 표정과 포즈가 자연스러워졌다. 그때부터 그는 한 동작을 찍을 때마다 그 장면을 나에게 바로 보여주었다. '세상에 이게 나라니!' 사진 속에는 내가 아닌 전혀 다른 사람이 있었다. 전문가들의 손을 거쳐 재탄생한 내 모습은 '언빌리버블!' 믿을 수 없을 정도로 멋졌다.

나는 늘 남색이나 검은색 양복에 이대팔 가르마를 하는데 외모만큼은 자신이 없었다. 그래서 멋진 남자들을 보면 늘 부러웠다. 그런데 프로필 촬영에서 잡지 화보에나 나올법한 내 모습을 보자 정말 기분이 좋았다. '나도 이렇게 멋진 스타일이 가능하구나' 하는 생각이 들어 눈물이 날 지경이었다. 촬영하는 두 시간이 어떻게 지나가는지 몰랐다. 이젠 내가 모델이 된 것처럼 자세를 취했다. 이 모든 것이 박초월 작가의 힘이었다. 그는 단순히 사진을 찍는 것이 아니라 몸과 마음을 동시에 움직였다. 그의 칭찬을 들으면 더 마음이 들떠 열심히 포즈를 취했다. 그리고 촬영된 사진을 보여주면 멋지게 찍힌 내 모습에 자부심을 갖게 되고 한층 더 동기부여가 됐다.

촬영이 끝나고 며칠 뒤 최종 프로필을 받았다. 그것을 지인들에게 보내주었을 때 지인들은 도대체 무슨 짓을 한 거냐고 경악했다. 이게 정말 당신 맞느냐고 말이다. 믿기지 않는다고 한들 어쩌랴, 그게 진짜 나인 것을. 기업의 교육담당자들에게도 새로운 프로필을 보내주었다. 그들도 깜짝 놀라기는 마찬가지였다.

명품 슈트를 입고 명품 헤어와 메이크업을 받은 후 명품 프로필을 촬영한 경험은 나에게 명품 추억으로 간직되어 있다. 우리의 정성 역시 이왕이면 '명품 정성'이 되도록 해야 한다. 명품이 마음을 움직이는 이유는 그 사람의 혼이 들어 있기 때문이다. 내 일이 옷을 만드는 일이든, 머리를 만지는 일이든, 사진을 찍는 일이든, 옻칠을 하는 일이든, 세일즈를 하고 마케팅을 하는 일이든 상관없다. 내가 하는 모든 일에 혼을 담고 진심을 담자. 사람들은 당신에게 감동할 것이다.

# 정성은 능력이 아니라,
# 연습으로 완성된다

영화 《아마데우스》는 1985년 아카데미 시상식에서 감독상을 비롯한 8개 부문 상을 수상했다. 또 같은 해 골든글로브 시상식에서 4개 부문, 다시 영국 아카데미 시상식에서 4개의 상을 거머쥐었다.

이 영화는 천재 음악가의 대명사인 모차르트를 다루었다. 그런데 독특하게도 그를 직접 조명하는 대신 안토니오 살리에리의 관점에서 묘사했다. 영화에서 모차르트는 하늘에서 특별히 재능을 부여받은 천재의 전형으로, 순간의 영감으로 감동적인 작품을 만들어낸다. 한편 그는 유흥을 좋아하여 파티를 즐기고 다른 사람의 여인까지 취하는 망나니다. 살리에리는 오스트리아의 궁정악사로서 성공한 음악가였지만 모차르트의 재능을 보고 자신의 한계에 절망한다. 살리에리는 그를 질투하고 증오하면서도 한편으론 경외한다. 그러한 살리에리 역의 F. 머레이 에이브러햄의 섬세한 감정연기가 대중의 공감을 이끌어내 큰 찬사를 받았다.

그런데 정말 모차르트는 천재적인 재능만으로 순식간에 전설적인 명곡들을 작곡한 걸까? 모차르트는 자기 친구에게 보낸 편지에 다음과 같이 적었다.

"사람들은 내가 쉽게 작곡한다고 생각하지만 이건 실수라네. 단언하건대 친구여, 나만큼 작곡에 많은 시간과 생각을 바치는 사람은 없을 걸세. 유명한 작곡가의 음악치고 수십 번에 걸쳐 꼼꼼하게 연구하지 않은 작품은 하나도 없으니 말이야."

사실 모차르트는 그 누구보다 열심히 연습하고 노력했다. 스물여덟 살 때는 너무 오래 연습하고 항상 펜을 쥐고 작곡해서 손이 기형이 될 정도였다고 한다.

물론 그가 평범한 사람들보다 재능이 훨씬 뛰어났던 것은 확실하다. 하지만 그가 연습하지 않았다면 오늘날 우리가 알고 있는 모차르트가 되지는 못했을 것이다. 천재를 망가뜨리는 방법은 간단하다. 한두 달만 연습하지 못하게 하면 된다. 세계적인 피아니스트 블라디미르 호로비츠는 80대가 돼서도 연습을 게을리하지 않은 것으로 유명하다. 그는 이렇게 말했다.

"하루 연습을 빼먹으면 내가 압니다. 이틀 연습을 빼먹으면 아내가 압니다. 사흘 연습을 빼먹으면 온 세상이 압니다."

연습이 바로 정성이다. 일을 대하는 마음은 그것을 연습하는 과정에서 온전히 드러난다. 연습하는 모습을 보고 있으면 이미 그 결과를 예측할 수 있다. 프로야구 선수들이 동계훈련에 목숨을 거는 이유는 훈련과정에서 이미 다음 시즌의 성적을 어느 정도 가늠할 수 있기 때문이다.

올림픽 축구 대표팀 감독으로 선수시절만큼이나 탁월한 모습을 보여준 영원한 리베로 홍명보 감독이 2002년 월드컵 4강 신화의 스승 거스 히딩크 감독이 지휘봉을 잡고 있는 러시아 프리미어리그의 안지 마하치칼라로 지도자 연수를 떠날 예정이라는 소식이 언론에 보도되었다. 그는 애초에 영국에서 연수할 계획이었지만 훈련 참관은 가능해도 팀의 코칭스태프의 일원으로 연수하는 방식은 어렵다는 대답만 돌아왔다. 그는 훈련 참관 정도로는 배워올 것이 많지 않겠다고 생각했고, 결국 히딩크 감독이 맡고 있는 러시아팀에 코칭스태프로 참여하여 선수들을 훈련하는 과정을 배워오겠다고 결심했다. 그는 그 결심에 대해 이렇게 말했다. "빌딩을 보고 빌딩 짓는 법을 알 수 없지 않습니까? 내가 연수하는 이유는 빌딩 짓는 법을 배우기 위해서인데…."

최고의 감독이 되고 싶은 열정으로 그가 선택한 것은 감독의 연습을 제대로 체험하는 과정이었다. 정성은 그 같은 진실한 열망에서 나오고 철저한 연습을 거쳐 그 꿈에 도달하도록 해준다.

2012년 12월 코엑스에서 열린 제8회 에스테틱앤스파 컨퍼런스에서 1,000여 명이 참석한 가운데 아름다운 소통에 대해 강연할 기회가 있었다. 뷰티업계에 종사하는 분들에게 그들이 하는 일의 본질과 가치를 이야기했다. 근본적으로 자기 자신을 사랑하는 사람이 자신을 아름답게 가꾸어갈 수 있다. 보여주기 위한 아름다움이 아닌 자신의 존재 자체에 대한 사랑과 자부심에서 나오는 아름다움이 진짜 아름다움이다. 그런 아름다움을 자신의 손끝과 마음으로 소통하는 사람들이 뷰티인이다. 진정한 아름다움은 내면 깊은 곳에서 시작해 밖으로 퍼져나가 그 사람만의 아우라를 창조한다는 내용이었다. 나는 평소에 느낀 아름다움과 소통에 대한 생각을 실제 사례와 함께 전했고, 청중의 반응은 뜨거웠다. 강연이 끝나고도 한참 박수가 끊이지 않았다.

강의를 마치고 에스테틱 스파업체를 운영하는 원장 한 분과 잠시 대화를 나누었다. 유명 인사들이 결혼식 전에 찾는다고 알려진 '파라팜 에스테틱'의 정혜정 원장이었다. 그는 강의를 듣고 뷰티인들에게 다시 꿈과 자부심을 가질 수 있게 해주어 정말 고맙다는 말을 꼭 전하고 싶었다고 했다.

옆에 계신 분의 설명을 들어보니 정 원장은 20여 년 가까이 한길만 걸어왔으며 이 분야를 발전시키기 위해 많이 노력하는 분이었다. 보통은 영세업체가 많아 직원 교육은 엄두도 못 내는데 정 원장은 노블스토리라는 스터디 연합회를 만들어 한 달에 한 번은 반드시 가게 문을 닫고 직원 워크숍을 한다고 했다. 그는 직원들이 일에 자부심을 가지고 스스로 정체성을 확립하기를 바랐다. 그래서 기술적인 교육뿐 아니라 직원들의 교양과 마인드를 함양하는 교육도 함께했다. 나는 정 원장에게 어떻게 해서 이렇게 경쟁이 치열한 분야에서 자리

잡을 수 있었는지 물었다. 정 원장의 대답은 간단했다.

"저는 이 일이 무척 좋았어요. 그래서 누구보다 이 일을 잘하고 싶었죠. 일을 시작하고 나서는 오직 이 일만 생각하며 연습에 매달렸습니다. 낮에 학원에서 배운 내용을 저녁에 꼭 다시 실습해보고 내 기술로 만들었죠. 어느 정도 시간이 지나니까 저를 찾는 사람들이 많아지더군요."

"아니, 어떻게 실습하신 거죠?"

"아! 제 언니가 미용실을 해요. 그래서 저녁마다 디자이너 선생님들과 스태프들에게 제가 돈을 안 받고 예쁘게 만들어준다고 했죠. 한 번에 대여섯 명씩 눕혀놓고 연습할 수 있었어요. 지금 생각하면 웃음도 나지만, 그때 제 실력이 확 늘었어요. 에스테틱은 손끝으로 피부와 피부가 맞닿는 일이라 하는 사람이 얼마나 상대방의 상태에 적합한 처치를 하느냐가 중요하거든요. 사람마다 피부의 특징이 달라요. 마음 상태도 영향을 미치고요. 한 번은 고3 학생이 여드름이 심각해져서 저를 찾아왔어요. 약을 먹어도 잘 안 듣는다면서. 한 열흘 동안 정성을 다했더니 깨끗해지더군요. 그 뒤 그 학생 가족이 모두 제 단골이 됐죠."

일을 잘하려면 기술이 있어야 한다. 재능이 있다면 기술을 익히는 속도가 더 빨라질 수 있겠지만, 그보다 중요한 것은 지속적이고 반복적인 연습이다. 다소 재능이 부족해도 최선을 다해 일정 기간 일정 시간에 매일 반복해서 연습하면 반드시 일정 수준에 도달할 수 있다. 대개 기술은 천재적인 재능으로 습득되는 것이 아니라 꾸준한 연습으로 몸에 익히는 것이기 때문이다.

  재능 있는 사람들이 초창기에 너무 빨리 유명해지는 바람에 그 후 긴 인생을 망치는 경우를 종종 보았다. 연습은 사실 기술만 습득하는 것이 아니라 자기 마음을 다스리는 과정이기도 하다. 연습하면서 어떤 일에 정성을 다하는 자세를 몸과 마음에 익힐 때 우리는 진짜 대가가 된다. 어쩌면 진실로 반짝이는 재능은 밤하늘의 별처럼 수백만 광년을 헤쳐가야 만날 수 있는 '정성의 정수'가 아닐까.

# 작은 정성이
# 쌓이고 쌓여
# 큰 믿음이 된다

아침에 눈을 뜨면
작은 기쁨을 부르고
밤에 눈을 감으며
작은 기쁨을 부르고
자꾸만 부르다 보니
작은 기쁨들은
이제 큰 빛이 되어
나의 내면을 밝히고
커다란 강물이 되어
내 혼을 적시네

―이해인, 〈작은 기쁨〉 중에서

세상은 아직 나를 모른다. 내가 어떤 사람인지, 내가 어떤 성과를 창출할지 모른다. 나 혼자서 나는 최고 교육을 받았으며 정말 멋지게 일하겠다고 생각할지라도 그건 어디까지나 내 생각일 뿐이다. 세상은 나를 제대로 알 만한 아무런 근거도 없다. 스펙이 그 사람의 실체를 대변하지 못한다는 것은 상식이 되었다. 세상이 나를 알아야 나를 불러줄 텐데 어떻게 해야 나를 세상에 알릴 수 있을까?

　1970년 1월, 좋은 대학을 나와 최고 수준의 대기업에 공채로 입사한 사람이 있었다. 그에게 처음으로 맡겨진 업무는 서류 복사였다. 그런데 당시에는 지금과 같은 복사기가 없었다. 복사하려면 '블루 카피 기계'라는 것을 썼는데, 한 번에 한 장씩 복사되고 한 장 복사하는 데 1분 이상 걸렸다. 20쪽짜리 자료를 10명분 준비하려면 3시간 이상 걸렸다. 하지만 그는 아무 불평도 하지 않고 복사를 완벽하게 하려고 최선을 다했다. 복사한 서류들의 순서가 뒤바뀌는 일이 절대 없게 하고 종이 표면도 예술적으로 깨끗하게 말렸다. 결국 그는 사내에서 '카피의 달인'이라 불릴 정도로 복사 업무에서 능력을 인정받았다.

　그렇게 6개월이 지난 뒤에야 그는 시장에 나가서 고객의 반응을 조사해오라는 업무다운 업무를 받았다. 그리고 1년 반이 지난 뒤 그는 사업기획팀의 추천을 받아 기획실로 옮기게 되었다. 그의 업무 자세와 태도를 지켜본 상사가 추천한 것이다. 이후 그는 가는 곳마다 성실한 태도와 최고의 실적으로 승승장구했으며 마침내 삼성테스코 홈플러스 그룹의 회장이 되었다. 그가 바로 이승한 회장이다. 경상북도 왜관 두메산골에 있는 정미소집 아들이 대기업 회장이 된 것이다.

　세상에 막 나와 처음부터 사람들을 깜짝 놀라게 만드는 대단한 일을 해서 나를 알리려는 것은 욕심이다. 오히려 일상에서 작은 일에도 정성을 다하는 모습을 보여 사람들 마음속에 믿을 수 있는 사람으로 차곡차곡 쌓이게 하는 것이 좋다. 만일 이승한 사원이 '대학까지 나온 사람한테 이따위 복사를 시키다니?' 하는 생각으로 복사 업무를 대충 했다면 오늘날의 이승한 회장이 있었을까?

세상은 내 일상에서 나를 알게 해준다. 작은 일을 처리하는 모습을 보고 나를 이해해준다. 주변에 있는 모든 사람이 나를 어떻게 생각한다는 이야기를 해주지는 않지만 그들 마음속에는 내 이미지가 새겨져 있다. 그 이미지는 대단한 프로젝트의 결과나 시험 성적으로 형성되지 않는다. 일상에서 소소하게 지나가는 말과 행동이 쌓이고 쌓여 형성되는 것이다.

1월 1일, 새해 첫날부터 오전 10시에 당산역 근처에서 두 시간 강연이 있었다. 특별한 일이 없으면 나는 강연 한두 시간 전에는 강연장에 도착한다. 8시 45분쯤 당산역에 도착해 2번 출구 근처에 있는 스타벅스에 들어갔다. 눈이 내리고 있었다. 카페라테를 주문했는데 새해 첫날이어서 아메리카노 한 잔을 서비스로 더 준다고 했다. 나는 혼자 왔으니까 카페라테를 한 잔만 달라 하고 자리에 앉았다. 그런데 창밖으로 나이가 지긋해 보이는 경비 아저씨가 내리는 눈을 맞으면서 건물 앞의 눈을 치우고 계셨다. 나는 자리에서 일어나 다시 카운터로 가서 아까 취소했던 아메리카노 한 잔을 달라고 했다. 받은 커피 잔에 빨대를 끼워 밖으로 나가 눈을 치우는 아저씨에게 드렸다. 아저씨는 추웠는지 커피를 받자마자 빨대에 입을 대고 한 모금을 빨았다.

"아저씨, 뜨겁습니다. 천천히 드세요."

"아, 예. 괜찮습니다. 고마워요. 잘 마실게요."

내가 아저씨에게 커피를 전해드리고 돌아서는데 카페 안에서 카운터에 있던 직원이 커피를 들고 나왔다.

"아! 안 그러셔도 되는데요. 저희가 드리려고 했는데…."

그 직원과 나는 서로 상쾌하게 웃으며 인사를 나누었다. 추운 날씨에 눈을 치우던 아저씨는 따뜻한 커피를 두 잔이나 받아들고 행복한 미소를 지으셨다. 세 사람의 마음까지 따스해진 순간이었다.

일상 속의 작은 정성이 내 인생과 어떤 관계가 있을까? 일상 속 작은 정성은 나의 평상시 태도를 의미한다. 평상시에 작은 일에도 정성을 다하는 태도를 지닌 사람은 주변의 모든 사람이 그를 성실하고 믿을 만한 사람으로 보게 만든다.

행운과 기회는 대개 다른 사람을 통해서 전해진다. 내 주변에 있는 사람들이 모두 나를 신뢰할 때 그들은 나를 추천해주고 나와 함께 일을 하자고 제안한다. 인위적 마케팅, 속임수 마케팅이 흔해지면서 세상에는 의심이 더 많아졌다. 이제 사람들은 자신이 직접 체험하거나 믿는 사람이 추천하지 않으면 쉽게 신뢰하지 않는다. 이런 세상에서 '믿을 수 있는 사람'이 된다는 것은 기회가 더 많아진다는 뜻이다. 일상 속 작은 정성은 누군가 사람을 필요로 할 때 나를 먼저 떠올리게 해주고, 생각지도 못했는데 내게 기회가 오게 해준다.

나는 따뜻한 커피 한 잔에 담긴 이야기를 강의 시간에 청중에게 들려주었다. 청중도 감동을 받고 따뜻한 미소를 지었다. 만일 그 청중 중 한 사람이 내가 갔던 카페에 가서 눈을 치우던 아저씨에게 커피를 드린 직원을 찾아 칭찬하고 격려한다면 그 직원은 사내에서 대단히 좋은 평가를 받을 것이다. 작은 정성으로 대접한 커피 한 잔이 나에게 어떤 행운을 가져올지는 아무도 모른다. 하지만 반드시 긍정적인 메아리로 돌아올 것이다.

이 책의 기획을 두고 미팅을 하려고 엔터스코리아를 방문했다. 그런데 사무실 입구에 들어서면서 두 눈이 휘둥그레졌다. 출입문을 열자 바닷가에서나 볼 수 있는 멋진 파라솔이 편안해 보이는 의자들과 함께 있었기 때문이다. 가슴이 확 트이는 것 같았다. 많은 사무실을 다녔지만 이런 분위기는 처음이었다. 대표이사실에 들어가 양원곤 대표와 인사를 나누며 사무실 느낌이 아주 시원하고 마음이 편안해진다는 말을 하는데 여직원이 다가오더니 메뉴판을 건네며 "어떤 걸로 주문하시겠습니까?" 했다.

'엥? 이건 또 뭐지?' 그것은 커피숍에서 사용하는 진짜 메뉴판이었다. 다양한 종류의 커피와 차 이름이 적혀 있었다.

"여기 적힌 거 실제로 다 되는 건가요?"

"네, 다 됩니다. 원하는 것으로 말씀해주십시오."

카페라테를 주문하고 양 대표에게 연유를 물었다. 양 대표는 자기 회사를 방문하는 이들에게 편안함을 주면서도 유쾌하고 기억에 남는 인상을 주고 싶어 그렇게 한다고 했다. 나는 첫 방문에서 깊은 인상을 받았다. 그리고 이런 마음가짐이라면 무슨 일이든 창의적으로 멋지게 해내겠구나 하는 믿음이 들었다.

한 CEO 스터디모임에서 만난 프리미엄 유기농화장품 기업 (주)제

네시스내추럴의 대표는 고객이 주문하면 상품 포장에 정성을 쏟는다고 했다. 상품의 포장만 보고도 고객에 대한 기업의 마음이 전해지기를 바라는 뜻에서 그렇게 한다고 했다. 한국워킹맘연구소의 이수연 소장은 인터넷에 올라오는 워킹맘들의 작은 이야기에도 정성을 다해 피드백을 한다고 했다. 아픔이 많은 워킹맘들이 진심이 담긴 작은 응대에도 위로받고 힘을 얻기 때문이라고 했다.

　작은 정성은 결코 작은 상태로 끝나지 않는다. 그것은 조금씩 쌓이고 쌓여 마침내 큰 신뢰를 형성한다. 정성스럽게 포장된 작은 상품을 받으면, 진심이 담긴 작은 피드백을 받으면 사람들의 마음은 활짝 열리게 마련이다. 일상 속의 작은 정성으로 미래의 커다란 꿈을 이루어줄 행운과 기회를 불러보자.

# 정성은 '차별화'의
# 실제 내용이다

　　　　　　　　강의를 하러 남이섬에 다녀왔다. 남이섬은 이야기만 많이 들었을 뿐 실제로 가보기는 처음이었다. 강의장으로 가려고 섬의 중앙을 가로지르는 길에 들어섰다. 그때 나도 모르게 "아!" 하는 탄성이 터졌다. 하늘을 향해 곧게 뻗은 나무들이 당당하게 줄지어 서 있었다. 살갗에 와 닿는 공기의 촉감은 시원하면서도 온화했다. 오염된 공기에 잔뜩 쭈그러들어 있던 허파의 주름이 팽팽해지는 느낌이 들었다.

　길을 따라 몇 걸음 옮기는데 길 옆 수풀에서 다람쥐가 한 마리 튀어나왔다. 앞발에는 도토리같이 생긴 먹거리가 들려 있었다. 그 녀석이 길 중간쯤 왔을 때 또 한 마리가 달려나왔다. 그러더니 둘은 먹거리를 중간에 두고 엎치락뒤치락 장난을 쳤다. 가까이 다가가자 순간적으로 나와 눈을 마주치더니 그중 한 마리가 먹거리를 들고는 둘 다 쏜살같이 반대편 숲으로 내달렸다. 나는 걸음을 멈추고 녀석들이 숨어 들어간 숲을 한참이나 바라보았다.

'이야, 남이섬이 이런 곳이었구나!' 마음 깊은 곳에서 편안함과 따뜻함이 올라왔다. 몇 개월 전 남이섬의 CEO 강우현 대표가 쓴 책 《상상망치》를 읽었다. 책을 읽으며 저자의 인생과 세상에 대한 깊이 있는 통찰과 꿈을 향한 끈질긴 정성에 진한 감동을 받았다. 남이섬을 다녀온 뒤 그 책을 다시 꺼내 차분하게 살펴보았다. 남이섬은 원래 젊은이들과 연인들이 많이 찾는 유원지였다. 섬에는 여러 놀이시설은 물론 술과 음식을 파는 위락시설이 많았다. 곳곳에 소주병과 쓰레기가 굴러다녔고 취객들의 고성방가가 고요한 밤을 깨웠다. 결국 남이섬은 IMF 사태와 함께 회생불가, 대출불가, 매각불가의 3불 상황을 맞게 되었다.

이때 강우현 대표가 남이섬의 CEO로 취임했다. 아무도 예상치 못한 일이었다. 그는 월급을 100만 원만 받겠다고 선언했다. 그리고 남이섬의 콘셉트를 '유원지에서 관광지로' 전환한다고 밝히고 섬 안에 있던 식당과 각종 위락시설을 모두 섬 밖으로 내보냈다. 이 과정에서 그는 한밤중에 강물에 던져지는 테러를 당하기도 했다. 돈이 없어 자금을 들여 새로운 일을 벌일 수도 없었다.

하지만 그는 포기하지 않고 섬에 자신의 정성을 심기 시작했다. 섬 안 여기저기에 버려져 있던 쓰레기를 재활용해 섬을 가꾸었다. 흉측하게만 보이던 소주병이 아름다운 꽃병과 예술적인 조형물로 다시 태어났다. 섬 안에 널려 있던 쓸모없는 나무들과 각종 폐기물이 방문객의 사진 촬영 명소로 탈바꿈했다. 결국 남이섬은 현재 연간 200만 명이 넘는 관광객이 방문하는 대한민국을 대표하는 최고 관광명소가 되었다. 그는 자신이 한 일을 이렇게 요약했다.

"결국 자신의 마음과 다른 이들의 마음을 어떻게 디자인하고 처음의 디자인대로 현실화할 것인가 하는 문제만 풀면 된다."

남이섬이 다른 유원지들과 똑같은 모습이라면 파산상태에서 빠져나올 수 없다. 차별화에 성공해서 사람들이 그곳에 꼭 한 번 가고 싶도록 만드는 것만이 유일한 해결책이었다. 강우현 대표는 차별화 방향으로 유원지와는 차원이 다른 '관광지'로의 전환을 시도했다. 그리고 그렇게 하려고 돈을 쏟아 부은 것이 아니라 정성을 쏟아 부었다. 버려진 빈 병을 모아 일일이 다듬고 칠하고 엮어서 예술품으로 만들었다. 오래된 고목에 직접 그림을 그리고 글씨를 써넣어 사람들이 그것을 배경으로 사진을 찍고 싶도록 했다.

차별화는 경쟁상대와는 무엇인가 다르다는 것이다. 남과 다름을 증명하지 못하면 살아남을 수 없고 나날이 치열해지는 지금, 차별화의 실제는 바로 정성이다. 고객을 향한 정성이 공간과 제품 그리고 서비스에 어떻게 반영되느냐가 바로 차별화다.

'CEO TALK'라는 중소기업 CEO들의 모임에 초청받아 특강을 했다. 새로운 경영지식과 현장의 경영 노하우를 배우고 나누려 열심히 토론하고 공부하는 모습이 인상적이었다. 그런데 그 모임을 이끄는 사람이 CEO가 아니라 변호사라는 점이 의외였다. 강의를 마친 뒤 나는 모임 주관자인 조우성 변호사와 인사를 나누었다. 그는 법무법인 '태평양'의 파트너 변호사였다. 잠깐 이야기해보니 변호사 일만 하는 것이 아니라 협상과 리더십 등 다양한 주제로 강의도 했다. 나는 그에게 DID 조찬 모임에서 특강을 해달라고 부탁했다. 1997년에 변호사를 시작했다는 조 변호사의 강의는 참가자들에게 강한 임팩트를 주었다. 변호사를 하면서 협상에 대해 집중적으로 공부해 자신만의 협상 공식인 'ISG 협상론'을 만들어냈다. 다양한 실제 사례와 함께 진행된 그의 강의는 협상에 대한 새로운 시각과 통찰을 제시했다. 강의를 마치자 많은 참가자가 개별적으로 다른 강의를 더 듣고 싶다고 연락했다. 또 조찬 모임 이후 그가 함께 강의해보자고 해서 공동강의도 계획했다. 결국 코엑스 홀에서 400여 명 가까이 참석한 가운데 공동강연회를 열어 성공적으로 마쳤다.

요즘엔 로스쿨로도 변호사가 배출되고 사법시험 합격 인원도 크게 늘어 어렵게 변호사가 되어도 제대로 수입을 올리지 못하는 이들이 상당히 많다고 한다. 사무실 임대료도 제대로 내지 못하는 변호사도 꽤 있다는 뉴스가 나오는 걸 보면 심각한 상태라는 것을 알 수 있다. 이젠 변호사도 자격만 갖추면 되는 것이 아니라 생존경쟁에서 살아남아야 하는 시대가 된 것이다. 조우성 변호사와 만나면서 그가 '참 멋지게 차별화했구나!' 하는 생각을 했다. 그는 '조우성 변호사의 디지털 서재'라는 블로그를 운영하고 있다. 거기에는 그가 공부한 내용과 직접 쓴 칼럼이 협상, CEO 한비자, 고전, 자기계발, 을을 위한 행진곡 등 다양한 주제로 정리되어 있다. 조우성 변호사를 만나지 않아도 그곳에 정리된 글을 읽어보면 그를 신뢰하게 된다. 글의 끄트머리에는 'Posted by 노력하는 조우성 변호사'라고 적혀 있다.

그처럼 공부하고 정리해서 강의를 하면, 강의를 듣고 믿음이 생긴 사람들은 법률문제가 있을 때 그를 찾을 것이다. 수입원이 변호사 외에 강의와 책으로 확장된 것도 의미가 있지만 사람들이 그를 '공부하는 변호사, 노력하는 변호사, 정성을 다하는 변호사'로 기억하는 것이 훨씬 더 중요하다. 그는 이제 변호사들을 대상으로 마케팅 강의도 한다. 'Lawketer'라는 그만의 신조어를 만들어 변호사로서 어떻게 마케팅하고 차별화해야 하는지 방향을 제시하는 일을 한다. 그는 이러한 일들을 하려고 하루에 3~4시간만 잔다. 그가 쓰는 글의 주제와 분량을 보면 정말 놀랍다.

차별화는 치열한 경쟁에서 살아남기 위한 필수 전략이다. 차별화는 다름을 증명하는 일이다. 어떻게 증명할까? 내가 하는 일에서 나만의 정성을 반영하고 표현해야 한다. 경쟁 유원지와는 차원이 다른 모습을 갖추려면 어떻게 해야 할지, 일반 변호사들과 현격하게 다른 나만의 신뢰를 얻으려면 무엇이 필요한지 깊이 고민하고 연구하는 데서 시작해 콘셉트를 정하고 그것을 구현하려 하나하나 정성을 심어나가는 과정에서 차별화가 된다. 이제 차별화된 나만의 독특한 강점을 당당하게 보여줄 정성 어린 시간을 갖자.

# 정성은 '간절한 집중'으로 구현된다

906쪽에 이르는 방대한 분량의 책을 처음 보았을 때 충격을 받았다. 그 책은 바로 한국의 역사를 직업적 관점에서 연구한 《한국직업발달사》다.

"직업에 대하여 우리가 알고 있는 것이란, 국가의 경제개발에 의해 생성된 직업의 흥망을 예측하는 경제학자들이 생산한 자료에 의존하는 것이 전부였다. 그렇다면 프랑스는 포도주와 예술의 나라, 이탈리아는 섬유와 디자인의 나라인데, 이처럼 전통적인 직업들이 어째서 그 나라에서 유망한 직업이 될 수 있었을까? 그럼 우리나라는 그런 산업과 직업이 없다는 말인가? 사실 우리를 잘 알면 그 속에 길이 있으며, 직업에 대하여 우리를 알고자 한다면 직업을 통해 본 우리나라의 역사 속에서 답을 찾을 수 있다."

머리말에 있는 저자의 이 문제의식이 내 마음을 콕 찔렀다. 그리고 본문에는 선사시대부터 현대에 이르기까지 우리나라 역사에서 나타난 다양한 직업을 다룬 신선한 내용이 가득 담겨 있었다. 책에서는 우리나라가 왜 교육훈련의 강국인지를 상세한 역사적 근거를 들어 설명했으며, 우리나라의 산하가 이야기를 품고 있는데 그것이 우리 민족의 직업적 삶에 어떤 영향을 미쳤는지 알려주었다. 특히 기억에 남는 것은 선조들 중 직업인으로서 탁월한 업적을 남긴 위인을 아홉 가지 유형으로 나눠 청소년에게 진로 모델을 제시한 부분이었다. 이렇듯 우리나라 고유의 직업 콘텐츠와 함께 다양한 그림과 사진으로 우리 직업문화의 우수성을 눈으로 볼 수 있게 해놓았다. 책장을 넘기며 이렇게 엄청난 양의 자료를 모으고 정리하려면 2~3년으로는 어림도 없겠다는 생각이 들었다. 그래서 후배의 소개로 만난 저자 김병숙 교수에게 집필 과정에 대해 먼저 물었다.

"교수님, 이 방대한 내용을 책으로 엮으시는 데 얼마나 걸렸습니까? 이건 진짜 보통 작업이 아니었겠는데요."

"아, 그렇게 알아주시니 감사합니다. 이 책을 끝내는 데 꼬박 7년이 걸렸지요."

"역시 그렇군요. 뭘 모르는 제가 보기에도 오래 걸렸을 거란 생각이 들었습니다. 그런데 역사를 전공하지 않은 걸로 아는데 어떻게 연구하셨는지요?"

"무식하면 용감하다고 중학교 국사 교과서부터 보기 시작했지요. 그리고 제가 구할 수 있는 모든 정사 관련 자료를 공부했습니다. 책으로만 보면 이해되지 않으니 전국의 박물관과 역사 유적지를 닥치는 대로 다녔습니다. 그때 주변에서는 제가 뭐에 미친 게 틀림없다고 이야기했지요. 어쩌면 정말 미쳤는지도 모르죠. 경주 황룡사 터에 밤 12시에 혼자 자리를 깔고 누워 밤하늘을 바라보며 눈물을 흘렸으니까요. 우리나라 선조들이 이렇게 위대한데 후손들이 너무 모르는구나 하는 안타까움에 가슴이 미어졌습니다. 그렇게 5년 정도 밤낮 없이 연구에 매달리다가 어느 날 너무 피곤해 사우나에 가서 뜨거운 물에 몸을 담갔는데 갑자기 눈앞에 우리나라 5,000년 역사가 파노라마처럼 환하게 펼쳐지면서 지나갔습니다. 무슨 환상처럼 보이기도 했고요. 그때 너무 감격해 혼자 하염없이 울었던 기억이 아직도 생생합니다. 그리고 본격적으로 집필했지요. 나중에는 손가락 마디마디에 관절염이 생길 정도였습니다."

나는 김병숙 교수의 이야기를 들으며 깊이 감명받아 경기대학교 직업학과의 박사과정에 입학했다. 직업학과는 김 교수가 20년 이상 직업과 진로 분야를 연구하고는 우리나라에서 처음으로 개설한 학과다. 《직업심리학》, 《직업정보론》, 《직업 상담심리학》 등의 저술을 통해 주로 서양 학문을 근거로 부분적으로 진행하던 직업과 진로 연구를 우리나라 고유의 특성을 반영하여 새로운 학문 분야로 정립하기 시작한 것이다. IMF와 외환위기를 거치며 실업자가 양산되고 일자리 창출과 고용 안정이 국가의 주요 정책과제가 되면서 직업과 진로에 대한 전문 연구는 더욱 중요하게 되었다. 김 교수는 이러한 이슈가 떠오르기 직전 국내 최초로 '직업상담사' 자격증 제도를 만들기도 했다.

"참으로 중요한 일에 종사하는 사람은 생활이 단순하다. 그들은 쓸데없는 일에 마음을 쓸 겨를이 없기 때문이다." 톨스토이가 한 말이다. '직업'은 한 사람의 인생을 대변한다. 직업은 많은 사회적 문제의 해결책이다. 이처럼 중요한 직업을 학문으로 정립하고 아직 누구도 시도하지 않은 우리나라 고유의 직업발달사를 전체적으로 연구함으로써 기본 틀을 제시한다는 것은 결코 만만한 일이 아니다. 이 일이 가능했던 것은 한 사람의 '간절한 집중'이 있었기 때문이다. 여가를 포기하고 모든 생활을 단순화해서 그 중요한 일에 정성을 다해 집중했기 때문에 가능한 일이었다.

스트라디바리우스는 세계 최고의 명품 악기로 여겨진다. 미국의 바이올리니스트 조슈아 벨은 1713년산 스트라디바리우스 '깁슨'을 400만 달러(약 40억 원)에 구입한 적이 있다고 한다. '파가니니 콰르텟'은 두 대의 바이올린과 한 대의 비올라, 한 대의 첼로로 구성되어 있는데 모두 스트라디바리우스로, 그 가격은 2,500만 달러, 우리나라 돈으로 250억 원이 넘는다.

이렇게 세계에서 가장 비싼 명품 악기를 만든 사람이 안토니오 스트라디바리다. 그는 1644년 이탈리아에서 태어나 처음에는 목수 일을 하다가 스물두 살에 현악기 제조에 입문했다. 당시 그 분야에서 일하던 사람들은 대부분 니콜라 아마티라는 현악기 제작의 명장 밑에서 일을 배웠다. 하지만 스트라디바리는 자신만의 길을 걸었다. 그는 93세까지 인생의 70여 년을 명품 악기 제작에 바쳤다. 평생 1,200여 개의 바이올린과 첼로, 비올라를 만들었는데 현재 700여

개가 남아 있으며 연주에 쓰이는 것은 50개 정도라고 한다. 세계 최고 연주자들이 그의 악기가 마술적인 음색을 가지고 있어 다른 어떤 악기도 흉내 낼 수 없는 아름다운 소리를 낸다고 칭송했다. 그가 그런 악기를 만든 것은 누구를 따라 하려 하지 않고 독자적으로 최고의 음색을 찾으려고 10년 이상 수많은 시험과 시행착오 과정을 거쳤기 때문이다. 그 기간에는 다른 아무것도 생각하지 않고 최고 음색을 찾으려 온 마음을 다해 간절히 집중했다.

인생에는 다양한 길이 있다. 여러 직업을 가질 수도 있고 한 우물만 팔 수도 있다. 어느 것이 좋고 어느 것이 나쁘다고는 할 수 없다. 나는 군인, 제지회사, IT 회사, 외식기업, 제조업을 거쳐 현재 강사와 작가 역할을 하고 있다. 다양한 직업을 거쳤지만 늘 초점은 사람의 마음을 움직이는 것 한 가지였다. 분야와 아이템은 달라도 목표는 사람의 마음을 열어 그들의 마음에 내 메시지를 온전히 전하는 것이었다. 한 우물을 파며 직업학을 창설한 김병숙 교수나 명품 악기 '스트라디바리우스'를 만든 스트라디바리도 마찬가지로 그들의 분야와 아이템을 통해 사람의 마음에 아름다운 영감을 주려고 '간절히 집중'한 것이다.

행복을 추구한다고 해서 행복해지는 것은 아니다. 의미 있고 소중한 가치를 구현하려고 정성을 다해 간절히 집중하는 과정에서 나도 모르게 느껴지는 것이 행복이다. 소중한 가치를 구현하려 집중해보자. 복잡다기한 생활을 단순하게 해보자. 한 가지라도 의미 있는 일을 완성하다 보면 어느새 행복이 내 가슴에 자리 잡을 것이다.

# 정성은
# 생각, 감정, 행동의
# 트리플 악셀이다

논현역 7번 출입구 옆에 매일 아침 들르는 카페가 있다. 실내도 널찍하고 커피 맛도 좋아 늘 그곳에서 카페라테를 마시며 하루를 시작한다. 때론 노트북을 들고 가서 긴 시간 글을 쓰기도 한다. 매일 가다 보니 그곳 직원들도 나를 알아보고 안으로 들어서면 주문도 하지 않았는데 라테를 만들기 시작한다. 나는 식당이든 카페든 사우나든 마음에 드는 한곳을 찾아 거기만 다니는 습성이 있다. 그러다 보면 그곳 사람들과 가족처럼 가까워지게 마련이다. 카페 직원들도 많이 친근해져서 가끔 닭강정이나 호떡 또는 새콤달콤 같은 주전부리를 챙겨주곤 했다. 영하 16도가 넘는 날 아침에도 카페를 찾았다. 담백하면서도 부드러운 카페라테의 따뜻함으로 정신을 일깨우는데 직원이 다가오더니 샌드위치 두 조각을 내려놓으며 말했다.

"선생님, 아침 안 드셨죠? 이거 우리 직원이 먹으려고 사온 건데 좀 드세요. 다 못 드시고 남으면 포장해드릴게요."

마음이 따뜻해졌다. 밖은 영하 16도라는데 내 마음은 영상 16도가 되었다. '작은 정성'이 '작은 행복'으로 돌아온 순간이었다.

긍정적인 감정을 경험하면 그 감정을 느끼게 해준 행동을 반복적으로 하게 된다. 나는 평소 '작은 정성'을 통해 다시 돌아오는 '작은 행복'을 종종 체험했기 때문에 누가 시키지 않아도 저절로 '작은 정성'을 실천한다. 정성은 이렇게 감정과 연결된다.

2012년 7월 2일 아침 7시 57분에 이메일을 한 통 받았다.

> 안녕하세요? 송수용 교수님.
> 저는 교수님의 '세바시' 강의와 책을 읽고 감동받은 변방의 일인입니다.
> 토요일 낮에 '세바시'를 듣고 바로 자전거 타고 서점에 가서 책을 사온 뒤 저녁도 거르고 한 큐에 읽어버렸네요. 전 치매약을 파는 일본계 제약회사에서 11년째 근무하고 있는 워킹맘입니다. 직장생활은 그 나름대로 나를 즐겁게 하지만 자신감이 많이 부족하고 뭔가 아이디어가 떠올라도 거부당할까 두려워 제대로 제안하지도 못했습니다. 교수님이 말씀하신 나에 대한 고정관념 그리고 DID 부족이 어찌나 제 이야기 같던지 책을 읽는 내내 가슴이 두근거렸습니다. 요즘 제가 기획한 교육프로그램을 진행 중인데 교수님이 강의를 해주시면 정말 좋을 것 같습니다. 교수님을 꼭 한 번 모시고 제가 받은 감동을 직원들과 나누고 싶습니다.

이메일을 보낸 사람은 일본계 제약회사의 HR매니저였다. 동영상 강의와 책을 보고 바로 DID를 행동으로 옮긴 것이다. 나는 강의를 하겠다고 회신했고 매니저는 내 연구실로 찾아와 DID와 교육 그리고 삶에 대해 많은 이야기를 나누었다. 강의는 8월 31일에 진행되었는데 참가자들의 3년 후 목표를 작성하는 것으로 뜨거운 반응 속에 마쳤다. 그런데 매니저의 DID는 여기서 끝난 것이 아니었다. 강의를 마치고 며칠 지나서 매니저에게서 이메일이 왔다. 그날 참가자들이 작성한 3년 후의 목표를 모두 공유하고 3년 후인 2015년 8월 31일에 그 멤버가 그대로 모여 다시 한 번 워크숍을 하자는 것이었다. 많은 기업에서 강의했지만 이런 일은 처음이었다. 나도 좋다고 했다. 그리고 내가 3년 이내에 이룰 목표 세 가지를 적어 보내주었다.

1. 박사학위 취득
2. 영어로 강의하기
3. 세 번째 책 출간

다른 참가자들도 모두 그날 적은 목표를 매니저에게 보냈고, 나도 그 내용을 읽어보았다. 마라톤 완주를 하겠다는 사람, 토익 980점에 도전하겠다는 사람 등 목표는 저마다 다양했다. 나는 그 매니저가 정말 온 마음으로 정성을 다해 HR업무를 하고 있음을 알 수 있었다. 정성은 이렇듯 행동으로 최종 실현된다. 꼭 초빙하고 싶은 강사가 있을 때 정성껏 접촉해서 강의 허락을 받아내고, 직원들에게도 미리 충분히 교육 취지와 강사 정보를 제공해 준비를 시킨다. 그리고 교육이 끝난 뒤에는 그 결과가 실제로 나타나도록 정성을 다해 피드백한다. 행동으로 표현된 정성은 아름다운 열매를 맺기 마련이다. 그 덕분에 나도 세 가지 목표를 향해 정성을 다할 수밖에 없게 되었다. 박사과정을 수료하고 논문을 준비하고 있으며, 두 번째 책을 쓰고 있다. 이 책이 출간되면 본격적으로 영어 강의를 연습할 것이다. 2014년 중반부터는 영어로 강의할 것이다.

감정을 통해 '정성'에 동기부여를 받고 행동을 통해 '정성'이 표현되고 완성된다. 생각은 이러한 감정과 행동을 검토하고 돌아보며 정성에 대한 계획을 세우는 기능을 한다. 감정만 홀로 강해지면 일관성이 없다. 감정의 기복에 따라 생활이 달라진다. 내 감정에 대해 생각하는 시간이 있어야 한다. 부정적인 감정이 들었다면 그 원인이 무엇인지 깊이 생각해야 한다. 그리고 그 원인을 없앨 방법은 무엇인지 찾아야 한다.

아침에 차를 몰고 출근하다 보면 깜빡이도 켜지 않고 갑자기 끼어드는 차들 때문에 짜증이 날 때가 있다. 이렇게 짜증이 난 상태로 연구실에 도착해서 일과를 시작하면 그날은 어떤 일에도 집중하고 정성을 다하기가 어렵다. 그런데 어느 날 한 강사의 강의를 듣고 나서 감정을 다스리는 방법을 찾게 되었다. 이분은 지인의 부음을 듣고 조의를 하려고 종합병원 장례식장으로 차를 운전해 가고 있었다. 그런데 난데없이 승용차 한 대가 쏜살같이 앞으로 끼어들었다. 하마터면 사고가 날 뻔할 정도로 아슬아슬한 상황이었다. 이분은 얼마나 화가 났던지 차문을 열고 욕을 해댔다. 그 차의 운전자는 욕설을 들었는지 못 들었는지 엄청난 속도로 계속 달려나갔다. 이분은 화가 날 대로 나서 씩씩거리며 장례식장에 도착했다. 그런데 장례식장 바로 옆의 응급실 앞에 아까 끼어들었던 차가 서 있었다. 궁금해서 응급실로 가보니 그 운전자의 딸이 위급한 모습으로 침대에 누워 있고, 운전자는 초조해서 어쩔 줄 몰라 하고 있었다.

그때부터 이분은 운전 도중에 누가 갑자기 끼어들면 '저 사람도 무슨 급한 일이 있는 모양이구나' 하며 평정심을 유지할 수 있게 되었다는 것이다. 짜증나는 일이 생겼을 때 당장 화를 내며 반응하는 것이 아니라, 잠시 멈추고 뭔가 그럴 만한 이유가 있을 거라고 생각하면서 차분히 대응하면 일상을 훨씬 기분 좋게 만들어갈 수 있다. 부정적인 감정을 차분히 다스림으로써 본래 하고자 하는 일에 정성을 쏟을 에너지를 유지하는 것이다.

긍정적인 감정을 계속 강화하려면 무엇이 필요한지 생각해보는 것도 중요하다. 박사과정을 공부할 때 학회지에 실을 논문을 쓰려면 자료와 논문을 많이 검토해야 한다. 논문을 쓸 때는 며칠 동안 논문에만 집중하는 시간이 필요하다. 다른 활동이 끼어들면 연속해서 사고하기 어려워 논문을 끝내기가 힘들기 때문이다. 일주일 넘게 몰입하여 원하는 논문을 다 쓰고 나면 마음 깊은 곳에서부터 뿌듯함이 올라온다. 이럴 때는 논문을 끝냈어도 바로 다음 과제로 넘어가지 않는다. 일부러 나 자신을 격려한다. '야! 수용아, 또 해냈구나. 암튼 넌 참 훌륭하다. 이제 좀 긴장을 풀고 쉬어야지!' 혼잣말로 중얼거릴 때도 있고 스마트폰의 메모장에 글을 남길 때도 있다. 혼자 영화를 보러 갈 때도 있고 사우나의 뜨거운 물에 몸을 담글 때도 있다. 이런 생각과 행동이 다소 우스워보일지도 모르지만 이것은 대단히 유익한 과정이다. 이 과정에서 자기 자신에 대한 자존감과 자부심이 더욱 깊어지고 일과 인생에 여유가 생기기 때문이다.

 행동이 중요하다고 해서 행동하는 데만 정신 팔면 더 효과적인 방향을 놓칠 수 있다. 행동하기 전후에도 생각해야 한다. 물론 생각이 너무 많으면 우유부단해지고 머뭇거리게 되어 좋지 않을 수도 있다. 적절하고 깊은 생각이 행동을 더욱 의미 있게 이끌 것이다. 하루를 마감하며 오늘 내가 한 행동 가운데 잘한 것과 잘못한 것을 적고 평가하면 더욱 성숙해진다. 생각한다는 것은 나를 돌아보고 반성하며 계획을 세우는 것이다. 바람직한 방향을 찾아 제대로 가는지 검토하는 것이다.

 피겨스케이트에서 앞으로 뛰어 세 바퀴 반을 돌아 뒤로 착지하는 기술인 '트리플 악셀'은 가장 어려운 점프로 알려져 있다. 김연아 선수는 바로 이 기술을 멋지게 소화해냄으로써 세계 최고의 자리에 올랐다. 정성을 제대로 구현하려면 생각과 감정 그리고 행동이 아름다운 '트리플 악셀' 점프처럼 잘 조화되고 균형을 유지해야 한다. 정성에 대한 긍정적인 감정을 기억하고 작은 정성부터 행동으로 옮기면서 어떻게 해야 더 좋은 방향으로 갈지 생각해본다면 삶은 더욱 아름다워질 것이다.

### 제4장

# 감동을 주는 정성, 제대로 시작하자

변화를 위한 '자발적 고독'이 필요하다
꿈을 이룰 인생의 베이스캠프를 세워라
내 꿈을 지지하고 격려해줄 사람을 만나라
배우고, 적용하고, 고치고, 공유하라
고객의 마음에 내 이름을 새겨 휴먼브랜드가 돼라
경청과 배려로 따뜻하고 멋진 리더가 돼라
나누기 위해 누리고, 누리기 위해 나눠라
지금, 내 마지막 순간에 읽을 추도사를 써보자
나는 될 수밖에 없다, 될 때까지 할 거니까
일어나 박수쳐라, 나에게

# 변화를 위한
## '자발적 고독'이 필요하다

고독이 꼭 나쁜 것은 아니야
외로움은 나에게 누구도 말하지 않은
소중한 걸 깨닫게 했으니까
이젠 세상에 나갈 수 있어
당당히 내 꿈들을 보여줄 거야
그토록 오랫동안 움츠렸던 날개
하늘로 더 넓게 펼쳐 보이며
다시 새롭게 시작할 거야
더 이상 아무것도 피하진 않아
이 세상 견뎌낼 그 힘이 돼준 거야,
힘겨웠던 방황은

−임재범, '비상' 중에서

　　　　　　가난으로 어그러진 삶을 살아가는 사람들을 많이 보았다. 빈곤의 '굴레'에서 벗어나지 못하는 인생을 근근이 이어가는 이들이다. 그들이 경제적으로만 빈곤했다면 그리 안타깝지 않았을 것이다. 정말 마음을 아프게 한 것은 그들의 정신적 빈곤이었다.

　가난 자체가 문제되는 것은 아니다. 억만금도 싫다고 다 버리고 산속으로 들어가 직접 일을 해서 한 끼 한 끼 해결하며 가난하게 사는 사람들도 있다. 그들은 가난하다고 괴로워하거나 분노하지 않는다. 그러나 내가 본 사람들은 대부분 가난한 삶을 힘들어했다. 부모와 가정과 세상을 원망했다. 그렇게 태어난 운명을 한탄했다. 자기 미래를 비관적으로 보았는데 실제로 미래가 그렇게 됐다. 그러면 '역시 내 생각이 맞구나' 하며 다시 비탄의 늪으로 빠져들었다. 정신적 빈곤이 무쇠와 같은 '굴레'를 만들어 경제적 빈곤을 무한 반복시키는 것이다.

외식업체에서 일할 때 이러한 빈곤의 '굴레'에서 벗어날 기반을 마련한 직원을 만났다. IT 기업에서 외식업체로 자리를 옮긴 뒤 식당에서 일하는 직원들을 가까이에서 지켜보면서 생각이 많았다. 아침 일찍부터 저녁 늦게까지 몸을 움직여 일하고 손님들에게 항상 친절하게 응대하는 것은 결코 쉬운 일이 아니었다. 그럼에도 그들은 대부분 착하고 성실해서 열심히 일했다. 그런데 그중 삶을 안타깝게 사는 직원이 눈에 띄었다. 평소에는 성실히 일하다가도 한 달에 며칠씩 지각을 하고 연락이 안 되는 일이 종종 있었다. 알아보니 전날 술을 밤새도록 마시고 인사불성이 되어 다음 날 아무 일도 하지 못한다고 했다. 그래도 출근하면 일은 열심히 했다.

그런 생활을 반복하는 그를 지켜보다가 하루는 사무실로 불러 이야기를 나누었다. 들어보니 그는 어린 시절을 너무나 힘들게 보냈다. 아버지는 가정을 거의 돌보지 않았고 술만 마시면 그에게 폭력을 행사했다. 견디다 못한 그는 고등학교를 마치고 집을 나와 주유

소와 편의점 등에서 아르바이트를 하다가 나중에 장사라도 해야겠다는 생각이 들어 식당에 들어왔다는 것이다. 그럼 열심히 일해서 장사 밑천을 마련해야지 왜 그렇게 한 달에 몇 차례씩 술을 먹고 결근하느냐고 물었다. 그는 열심히 일하다가도 친구들과 만나 소주 한잔하다 보면 부모가 원망스럽고 세상이 불공평하다는 생각이 들어 폭음하게 된다고 했다. 폭음하면 아무 생각 없이 카드를 긁는데 월말이면 그 금액이 너무 커져 다른 카드로 돌려막기를 하거나 대출을 받는다고 했다. 그래서 빚이 늘어나면 또 그렇게 사는 자신이 싫어져 술을 더 마시게 된다고 했다. 그렇게 계속 살다보면 빚은 점점 늘어나고 술은 더 많이 마실 것이다. 어느 날 감당할 수 없는 순간이 닥치고 직장마저 다닐 수 없게 될 것이다. 그러면 정말로 인생이 완전히 망가진 자전거처럼 되어 어기적어기적 굴러가게 된다.

그와 대화를 마치고 나자 머릿속에는 만화 같은 장면이 하나 떠올랐다. 굶주림에 비쩍 말라버린 다람쥐 한 마리가 쳇바퀴 안에서 죽어라 달리고 있다. 저 멀리 언덕 위 먹을 것이 있을 것 같은 곳으로 가려고 발바닥이 땅에 닿지 않을 정도로 땀나게 뛰고 있다. 그런데 쳇바퀴 자체가 내리막길에 놓여 있었다. 빨리 뛸수록 바퀴는 아래로 곤두박질쳤다. 그를 그 쳇바퀴에서 내려오게 해야 했다. 한 달쯤 지난 뒤 다시 그와 차 한잔하는 자리를 마련해서 차분히 이야기했다.

"지금 이 상태로 2년만 지나면 당신은 경제적으로 완전히 파산할 거예요. 그러면 직장도 다닐 수 없게 될 테죠. 식당에서 고생만 하다가 파산해서 비참하게 살 것이 뻔한데 그곳을 향해 계속 걸어갈 건가요? 내가 보기에 당신은 불행하게 살지 않아도 될 좋은 점을 많이 가지고 있어요. 지금이라도 몇 가지만 야무지게 마음먹고 실천하면 그 굴레에서 빠져나올 수 있을 겁니다. 제대로 된 집에 살고 원하는 일을 하면서 꿈을 향해 가는 방법이 분명 있단 말이죠. 그 방법은 아주 단순해서 결심만 하면 돼요."

"정말인가요? 세상에 그런 길이 정말 있을까요? 저도 잘살고 싶어요. 근데 마음대로 되지 않더라고요. 술만 먹으면 모든 것에 화가 나요. 다 싫어지고요. 다음 날이면 또 후회하면서도요."

"내가 정한 기본 목표를 이룰 때까지는 모든 생활을 거기에 맞춰 단순화해야 해요. 일단 휴대전화를 없앱시다. 가족과 친구들에게 전화해서 앞으로 3년 동안 휴대전화를 못 쓰게 됐다고 하세요. 꼭 연락해야 할 일이 있으면 회사전화로 연락하라고 말이죠. 3년 뒤 당신이 생각한 것을 이루면 먼저 연락하겠다고 하세요. 그리고 지금 당신 월급이 130만 원인데, 그중 100만 원을 저축해야 합니다. 회사에서 숙소를 제공하고 세 끼 식사를 주니 휴대전화 안 쓰고 친구들 만나지 않으면 세금 떼고 한 달에 20만 원으로 생활할 수 있어요. 그러면 1년에 1,200만 원, 3년이면 원금만 3,600만 원을 모을 수 있어요. 3년 동안 주변 사람들에게 '사람 노릇' 못하는 것에 양해를 구하고 모든 생각을 진짜 '사람답게' 살기 위한 기반을 마련하는 데 집중해야 합니다. 그리고 일주일에 책을 한 권씩 읽으세요. 사람을 만나지 않으니 일하는 시간 외에는 책을 보고 목표를 이루기 위한 방법을 생각하세요. 책은 내가 추천하고 빌려주겠습니다. 외식업에 관한 책은 기본이고 경영, 리더십, 심리, 자기계발 등 다양한 분야의 책을 읽어야 해요. 그리고 일할 때는 최선을 다하고 책에서 본 것들을 떠올리며 더 나은 방법은 없을지 생각하고 아이디어를 그때그때 노트에 정리하는 거예요. 이렇게 식당에서 3년 보내면 식당일에 관한 한 누구보다 자신이 생길 겁니다. 당연히 승진도 할 거고요. 그때가 되면 선택할 수 있습니다. 여기서 매니저로 계속 승진하면서 열심히 일해서 임원이 될 수도 있고, 본인이 하고 싶은 일을 할 수도 있어요. 그동안 모은 돈이 이자까지 하면 4,000만 원은 될 겁니다. 그 돈으로 테마가 있는 작은 분식집이나 포장마차 콘셉트의 독특한 매장을 할 수도 있겠죠. 그럼 3년 동안 공부하고 연구한 실력으로 분명히 성공할 거예요. 그때 그동안 연락하지 못했던 가족과 친구들에게 연락하세요. 근사한 곳에서 저녁 한번 쏜다고 말이죠. 다 모인 자리에서 그동안 어떻게 살았는지 이야기하고 꿈도 들려주세요. 물론 그동안 '사람 노릇' 못해서 미안하다고 사과도 하고요. 아마 그들은 당신이 어설프게 '사람 노릇' 하겠다고 구멍 난 카드로 술을 사는 것보다 훨씬 고마워하고 감격할 거예요."

그는 그렇게 해보겠다고 했고 다음 날 바로 휴대전화를 해지했다. 그 작은 행동의 결과는 성공적이었다. 3년도 안 돼서 목표를 이루고 자신만의 매장을 시작하려고 새로운 곳으로 떠난 것이다. 지긋지긋한 내리막길의 쳇바퀴에서 내려와 꿈을 향한 진짜 등산을 시작한 그를 보며 가슴이 뜨끈해졌다.

곰이 인간이 되려고 100일 동안 마늘을 먹으며 인내했듯이 진짜

'인간다운' 삶을 살려면 잠시 비인간적인 생활을 견뎌야 한다. 일정 기간 참고 버티고 견뎌야 내가 원하는 삶을 살 수 있다. 그리고 그 기간은 반드시 지나간다. 나는 그것을 '자발적 고독'의 기간이라고 한다. 이 기간에는 너무도 외롭다. 주변에서 오해하고 욕할 수도 있다. 사람이 어떻게 그럴 수 있느냐며 비웃을 수도 있다. 하지만 그 기간만큼은 철저히 고독해져야 한다. 참되게 변신하기 위해, 지긋지긋한 굴레에서 벗어나기 위해, 스스로 선택한 고독은 가끔 외로울 수도 있지만 결코 헛되지 않을 것이다.

# 꿈을 이룰 인생의
# 베이스캠프를 세워라

　　　　　　　　　인생 여정은 등산에 비유되곤 한다. 오르막이 있으면 내리막도 있다. 난데없이 비가 쏟아져 당황할 때도 있고 따사로운 햇빛과 상큼한 바람에 더 없이 기분 좋을 때도 있다. 높은 산을 오를 때 베이스캠프는 전열을 가다듬는 기본 거처다. 베이스캠프에서 잘 준비하면 등반에 성공할 확률도 그만큼 커진다. 한 번뿐인 인생에도 이런 베이스캠프가 필요하다.

　영화감독 마틴 스콜세지와 결혼해 시나리오를 공동 집필하기도 한 줄리아 카메론은 그와 이혼한 뒤 우울증과 알코올중독에 빠지고 말았다. 그녀는 상처받은 마음도 달래고 하고 싶은 일도 찾으려고 뉴멕시코의 타오스라는 곳으로 갔다. 타오스 산이 보이는 작은 벽돌집에서 그녀는 하얀 종이에 마음에서 흘러나오는 대로, 펜이 가는 대로 글을 썼다. 그녀는 그것을 '모닝 페이지'라고 했다. 매일 모닝 페이지를 쓰다 보니 어느 날 자니라는 인물이 등장했다. 그리고 자니를 중심으로 떠오르는 대로 써내려가니 어느새 소설이 한 편 완성되었다. 신기한 경험이었다.

그녀는 창조성의 근원을 발견한 경험을 다른 사람들에게도 전하기 시작했다. 그녀의 가르침에 따라 모닝 페이지를 작성해본 이들에게도 엄청난 창조성이 생기면서 성공사례가 다양하게 나타났다. 독일의 저명한 음악평론가가 작곡가로 변신하기도 했고, 평범한 주부가 시인이 되기도 했으며, 재능이 없다고 비판받았던 배우가 최고의 배우로 탈바꿈하기도 했다. 그녀는 자신이 전한 이야기를 모아 출간했다. 그렇게 해서 세상에 나온 《아티스트 웨이》는 〈뉴욕타임스〉 30주 연속 베스트셀러를 기록하며 20개국에서 번역 출간되었고 그녀는 세계적인 베스트셀러 작가의 반열에 올랐다.

그녀는 모닝 페이지를 통해 자신의 가능성을 발견하고 자신감을 회복했다. 그리고 실패했다고 생각했던 인생에서 벗어나 새로운 목표를 향해 등반하기 시작했다. 모닝 페이지를 통해 내면에 창조성의 근원이 있다는 사실을 깨닫는 순간 자신만의 진짜 인생 등반을 본격적으로 시작한 것이다. 비로소 그녀 인생에서 베이스캠프가 준비된 것이다.

인생에서 베이스캠프는 물리적인 장소나 시설이 아니라 심리적인 준비 상태다. 꿈을 향한 본격적인 등반을 나설 수 있는 마음의 힘이 충만해진 상태다. 이러한 베이스캠프 준비에 사용되는 도구는 개인

마다 다르다.

　일본에서 최고 부자로 손꼽히는 손정의는 스물여섯 살에 5년 시한부 인생을 선고받는다. 그는 이 기간에 죽음을 준비한 것이 아니라 새로운 인생을 준비했다. 책 4,000권을 읽은 것이다. 그는 이때 평생 먹고 살 지식을 얻었다고 표현했다. 그리고 시한부 인생을 극복하고 빌 게이츠와 쌍벽을 이루는 세계적인 경영인이 되었다. 그런가 하면 《엄마를 부탁해》로 일약 세계적인 문인으로 발돋움한 신경숙 작가는 대학 입학 전 3개월 동안 작은 방에 틀어박혀 60권짜리 한국문학전집을 독파하고 나서 "당시 친구도 없고 스스로 감당할 수 없을 정도로 내성적이었는데 그걸 다 읽고 나니까 든든한 텃밭 같은 것이 마음에 생긴 것 같았다"라고 술회했다. 손정의 회장과 신경숙 작가에게는 책이 베이스캠프를 구축하는 도구가 된 것이다.

　청각장애인이면서 부모의 이혼으로 네 살 때 친척집에 버려졌으면서도 한국어, 일본어, 영어, 스페인어 4개 국어를 하고 일본에서 골드만삭스에 입사해 주변을 놀라게 한 김수림 씨. 그녀는 《살면서 포기해야 할 것은 없다》에서 영어가 자신의 인생을 반전하는 무기가 됐다고 밝혔다. 청각장애가 있는 그녀는 일본에서 취업도, 진학도 대안이 되지 못하자 영국 유학을 감행했다. 소리를 듣지 못하기에 선생님의 입과 혀를 보고 얼굴을 만져가며 하루에 알파벳 한 개를 겨우 익혔지만 모든 시간과 노력을 영어 공부에 집중해 6개월 만에 영국 대학에 입학하는 수준이 되었다. 이 영어 실력이 기반이 되어 골드만삭스에 입사하게 되고 그녀의 진짜 인생 등반이 궤도에 오르게 된다. 그녀에게는 영어가 베이스캠프를 마련하는 소중한 도구가 되었다.

내가 사회에 나와 처음 입사한 곳이 제지회사의 영업부였다. 입사할 때 비서실에서 근무하는 줄 알았는데 실제로는 영업부로 발령 났다. 군에서 중대장을 달고 사회에 나온 내가 영업을 한다는 것이 영 내키지 않았다. 몇 개월 신입교육을 받고 거래처를 배정받았다. 거래처에 가서 새로운 담당자라고 인사도 하고 현황 파악도 해야 하는데 용기가 나지 않았다. 모르는 사람에게 먼저 고개를 숙이고 명함을 내미는 것이 내키지 않아 거의 일주일을 거래처 주변만 뱅뱅 돌다가 돌아왔다. 그러나 언제까지 그렇게 지낼 수는 없었다. 처음 맡은 업무에서 실패하면 그 이후 생활은 불 보듯 뻔했다.

겨우 용기를 내어 거래처를 찾아가 담당자에게 쭈뼛쭈뼛 인사했다. 그렇게 부끄럽게 시작한 영업 업무가 나중에는 무엇과도 바꿀 수 없는 강점이 되었다. 영업을 하면서 군대에서 몸에 밴 경직된 사고와 행동을 자연스럽게 바꾸었다. 무엇보다 담당자의 마음을 얻어 조금이라도 더 계약을 해야 했기에 사람의 마음을 얻는 방법에 대해 많이 고민하고 연구하는 기회가 되었다. 이때 훈련된 영업 노하우 덕에 그다음 직장인 IT 회사에서는 기업용 제품의 첫 계약을 2,000만 원에 수주했고, 외식업체에서는 하루 8만 원 하던 행사 품목 매출을 800만 원까지 올렸다. 이런 노하우를 바탕으로 기업 강의를 시작한 지 1년도 되지 않아 최고 수준의 강사 자리에 올랐다. 이 모든 것은 3년 동안의 영업 경험에서 비롯했다고 자신 있게 말한다. 3년간의 영업 경험이 내 인생의 베이스캠프를 잘 만드는 데 멋진 도구가 된 것이다.

이제 나만의 베이스캠프를 세울 도구를 찾아보자. 그것은 책일 수도 있고 언어일 수도 있으며 업무 경험일 수도 있다. 어떤 이들은 여행하면서 새로운 인생을 시작했고, 다른 이들은 자전거 타기나 운동으로 시작했다. 요리, 블로그, 사진, 명상, 영화, 음악, 춤, 장난감, 동물 등 세상에 존재하는 모든 것이 내 도구가 될 수 있다. 무엇이든 그것을 통해 자기 자신을 다시 볼 수 있다면, 자신의 가치와 가능성을 확신할 수 있다면, 어떤 어려움이 닥쳐도 이겨나갈 마음의 힘이 생긴다면 그것이 바로 베이스캠프를 세울 도구가 된다. 이제 내 인생의 베이스캠프를 만들어보자.

## 내 꿈을 지지하고
## 격려해줄 사람을 만나라

 2012년 12월 8일 토요일 아침 7시. 전날까지 내린 눈이 영하 12도까지 내려간 차가운 기온에 단단히 얼어붙어 골목은 온통 빙판길이었다. 칼바람까지 불어 살갗은 통증이 느껴질 정도였다. 동지가 지나지 않아 아직 어슴푸레한 아침에 논현역 주변 여기저기 골목에서 종종걸음으로 부지런히 한 건물로 들어가는 사람들이 보였다. 건물 외벽에는 파란색 바탕에 하얀색 글씨로 '스타게이트 연기학원'이라고 쓰여 있었다. 송중기를 비롯해 배용준, 지성, 한혜진 등의 스타를 배출해 주목받는 연기학원이었다. 그러나 토요일 아침부터 이들이 연기를 배우려고 이곳에 모여든 것은 아니다.

 이곳에서는 매월 한 번씩 'DID 조찬 강연회'가 열린다. 이날은 손자병법의 대가 노병천 저자를 초청해 '손자의 성공 5공식' 강의를 듣는 날이었다. 노병천 저자는 《손자병법》을 만 번 이상 읽고 천 번을 정독하며 연구했다고 한다. 단순히 원문만 연구한 것이 아니라 전쟁이 벌어진 전 세계의 전쟁터를 직접 답사하며 실제 전쟁에서 그 원리가 어떻게 적용되었는지 심층 조사했다. 이를 통해 《만만한 손자병법》, 《도해손자병법》, 《서른과 마흔 사이 인생병법》 등 30권이 넘는 저서를 저술하였다. 최근에는 〈아침마당〉에도 출연하였으며 ASK정신(구하라, 찾으라, 두드리라)을 전파하고 있다.

평소에는 50여 명 가까이 모이는데 이날은 강추위 때문인지 40여 명이 참석했다. 강연회는 먼저 참가자들의 자기소개로 시작했다. 나중에 참가자들의 소감을 들어보면 메인 강사의 강의내용도 좋지만 토요일 남들이 다 자고 있을 시간에 함께 참석한 사람들의 선명한 눈빛과 뜨거운 열정에서도 큰 감동을 받는다고 했다. 밤을 새워 새벽 5시까지 영업하고 잠도 자지 않고 온 갯벌의 진주 직원, 취업 준비로 많이 힘들지만 이 시간만큼은 절대 놓치지 않겠다고 나온 대학 졸업생, 이곳에서 받은 영감과 열정으로 더 멋진 도장을 만들려고 노력한다는 경희대 효 태권도 관장 등 참으로 다양한 직업과 연령대의 사람들이 모였다. 이들이 자신에 대해, 이곳에 온 동기에 대해 발표할 때는 누가 봐도 참으로 감동적이었다.

노병천 저자의 강의는 뜨거웠다. 강의하는 그의 모습이 우리의 심장에 불을 지폈다. 눈에서는 만화의 한 장면처럼 레이저광선이 나오는 것 같았다. 열정적인 몸짓과 호소력 짙은 목소리는 청중을 몰입시켰다. 손자병법을 다양한 전쟁사뿐 아니라 우리의 삶과 연결하여 촌철살인의 핵심 문구로 정리해줄 때는 가슴이 후련했다. 강의에 참석한 드림 커넥터 김욱진 이사는 강의가 끝난 뒤 예닐곱 시간이 지났는데도 강의 때 느꼈던 뜨거움이 생생히 남아 있다고 했다. 노병천 저자는 30년 동안 하루 3~4시간만 자며 공부하고 연구했다.

　강의가 끝나면 강의내용을 자기 자신의 생활에 투영해본 뒤 느낀 점과 결심한 내용을 노트에 정리한다. 그리고 그 내용을 들고 잘 모르는 사람을 찾아가 서로 느낀 점을 이야기한다. 하는 일과 나이, 성별, 생활환경이 서로 다른 사람들과 소감을 나누다 보면 새로운 통찰이 생긴다. 이렇게 해서 7시에 시작된 강의는 9시에 끝난다. 강의가 끝난 뒤 일이 있는 사람들은 가고 그렇지 않은 사람들은 분위기 좋은 카페로 자리를 옮겨 따스한 차를 마시며 강사와 개인적인 대화를 한다. 강의할 때는 카리스마를 내뿜던 강사도 이 시간에는 편안하게 강의에서 하지 못한 개인적인 일까지 이야기한다. 참가자들은 강사와 개인적으로 연락할 기회도 만들고 더 가까이서 멘토를 접하는 의미 있는 시간을 보낸다.

　조찬 강연회에 빠지지 않고 참석하는 한 참가자는 이런 말을 했다.

　"저는 여기에 오면 화로에서 외따로 있던 숯이 다시 화로로 돌아와 다른 숯들을 만남으로써 또 한 번 뜨겁게 활활 타오르게 되는 느낌을 받습니다. 그래서 한 달에 한 번 여기에 오지 않을 수 없습니다."

　사실 강연회에 참석하는 사람들은 대부분 내 강의를 듣고 개별적으로 연락한 이들이다. 평소에 도전적인 삶을 살고 싶어도 조금만 특이한 행동을 하면 주변에서 왜 그렇게까지 하느냐며 핀잔을 준다고 했다. 그래서 나와 교류하며 그 열정과 실행력을 배우고 실천하고 싶다는 것이었다. 처음에는 저녁에 정모 형태로 모임을 시작했다. 그런데 모임을 저녁에 하다 보니 술을 마시는 일이 많아져 2011년부터 매월 1회 토요일 아침 7시에 조찬모임을 하게 되었다. 강의는 내가 하기도 하고 외부강사를 초빙해 하기도 했다. 성과는 예상보다 훨씬 컸다. 참석하는 사람들은 한 달에 한 번이라도 여기에서 자극받고 영감을 얻으며 일상에서 실천할 구체적인 아이디어를 얻는다며 고마워했다. 강의에 초청된 강사들도 토요일 이른 아침에 젊은이 50여 명이 눈에 불을 켜고 하나라도 더 배우려는 열정적인 모습을 보며 놀라움을 금치 못했다. 오히려 참가자들의 열정에 감동받았다고 하는 분들도 많다.

인생은 살아가기가 결코 녹록지 않다. 마음 놓고 사람을 믿을 수도 없다. 살다 보면 어떻게 해야 할지 앞이 보이지 않는 순간도 온다. 이때 나를 신뢰하고 내 꿈을 지지하며 어려운 순간 나를 격려해줄 사람이 있다면 어떤 힘든 일도 이겨나갈 수 있다. 그런 사람들을 찾아서 만나라. 나는 강의를 시작하고 4년여 동안 많은 이를 만났다. 그들 가운데 삶의 고비마다 지속적으로 상의하면서 더 좋은 길을 찾아간 이들이 많이 있다. 나 또한 중요한 갈림길에서 조언과 안내를 해주는 소중한 분들의 도움을 많이 받았다. 그들의 지지와 격려 그리고 애정이 담긴 조언이 없었다면 지금의 나도 없었을 것이다.

나는 그들을 주로 배움과 학습의 현장에서 만났다. 관심 있는 테마를 배우려고 참석한 세미나에서 좋은 사람을 만나 모임을 소개받기도 했고, 영감과 자극을 받을 만한 모임을 주변에 물어보거나 직접 찾아가기도 했다. 때론 강의를 듣거나 책을 읽고 꼭 만나고 싶은 분들에게 직접 연락해 멘토와 멘티의 관계를 맺기도 했다. 가만히 있지 말고 나에게 새로운 깨달음과 통찰을 줄 수 있는 사람들을 찾아 나서라.

그런데 이때 흔히 실수하는 것이 있다. 모임에 나와서 명함을 마구 뿌리며 네트워킹 자체에만 관심을 두는 것이다. 그렇게 해서는 얻는 것이 없다. 영업을 목적으로 접근해서 성급히 서두르다 보면 반드시 문제가 생긴다. 인생에 대한 자세와 마음가짐에 자극받고 하루하루 나를 돌아보게 하는 것이 만남의 목적이 되어야 한다. 그래서 진솔한 믿음이 형성되고 교류하다 보면 인생의 많은 부분을 서로 도와주고 협력할 수 있다.

철강왕 카네기는 협력자 50여 명에게서 도움을 받으며 꿈을 완성할 수 있었다. 헨리 포드는 토머스 에디슨을 비롯한 훌륭한 인재 몇 명과 친구가 되면서 그들의 습관, 경험, 정신력 등을 흡수해 많은 실패에서 일어나 결국 성공할 수 있었다. 내 꿈을 지지하고 영감을 주며 나를 돌아보게 자극하는 사람들은 어디에 있을까? 어떻게 하면 그들을 만날까?

# 배우고, 적용하고, 고치고, 공유하라

16년 전 사회에 처음 나왔을 때 그야말로 눈앞이 캄캄했다. 전혀 준비되지 않았기 때문이다. 육사 출신인 나는 거의 10년 동안 주어진 임무와 일과에 따라 움직이다 보니 24시간을 어떻게 채워야 할지 몰랐다. 어떤 산업이 유망한지, 어느 기업에 들어가는 게 좋은지, 들어가려면 무엇을 어떻게 해야 하는지 아는 것이 없었다. 내가 아는 상식 수준에서 현대전자와 삼성전자가 좋다니까 아무것도 모르고 지원했다가 당연히 떨어졌다. 결혼한 지 6개월도 안 된 남자가 직장이 없으니 비참했다. 몇 달을 실업자로 지냈다. 살면서 나 자신이 가장 왜소하게 느껴진 기간이다. 다행히 아는 분의 소개로 정확히 뭐 하는 곳인지도 모르고 제지회사에 입사했다.

그곳은 인쇄용지를 생산해 판매하는 곳이었다. 신입사원 교육을 받고 영업부로 배치되었다. 현업에 배치되어 본격적으로 사회생활을 시작한 지 7개월이 지났을 무렵 나를 돌아보게 되었다. 현재의 내 능력과 상태로는 미래가 보이지 않았다.

'앞으로 어떻게 해야 할까?'

며칠 동안 잠을 못 자며 고민하다가 마침내 두 가지가 꼭 필요하다고 생각하게 됐다. 그건 '학습'과 '관계'였다. 변화가 절실한데 지금 이 순간 나를 바꿀 수 있는 건 배움밖에 없다는 생각이 들었다. 사회생활을 해보지 않아서 무슨 문제가 생겨도 조언을 구하거나 상의할 사람이 없었다. 그래서 '관계'를 통해 험난한 인생에서 힘이 되어줄 사람을 만나야겠다고 생각했다. 영업을 시작하고 1년이 지났을 때 방송통신대학교 경영학과 3학년에 편입했다. 회사에 다니며 기업을 상대로 영업하다 보니 경영의 전반적인 흐름을 이해하고 싶었다. 회사도 다녀야 하고 등록금 문제도 있어서 그 당시 가장 좋은 대안이 방송통신대라고 생각했다.

다행히 내 생각은 적중했다. 방통대의 교과서와 강의내용은 나에게 딱 맞았다. 교수진도 최고 수준이었으며 책도 핵심내용이 잘 정리되어 있었다. 방송과 테이프로 공부하면 됐기 때문에 시간도 문제 되지 않았다. 경영학개론부터 회계원리, 재무관리, 인사관리, 마케팅원론 등 회사 경영에 필요한 기본 개념과 원리를 이해하는 소중한 시간이었다. 거기서 배운 내용으로 여러 부서 사람들과 큰 어려움 없이 대화했고, 거래처를 이해하는 데도 크게 도움이 되었다. 2년 4

학기 중 두 학기는 얼마 되지 않는 등록금도 다 내지 않고 장학금을 받았다. 그리고 휴학 없이 2년 만에 방통대를 졸업했다.

졸업식 순간은 지금도 잊을 수 없는 감동으로 남아 있다. 올림픽공원 체조경기장에 졸업생 수천 명이 모였는데 그중 70세를 넘기신 할머니, 할아버지들께서 학사모를 쓰고 졸업장을 받았다. 참가한 많은 사람이 그분들을 보면서 눈시울을 적셨다. 나도 그 장면을 보면서 결심했다. 저분들처럼 평생 배우며 살아가겠노라고.

제지회사에서 3년 동안 근무한 뒤 소프트웨어를 개발하는 IT 벤처기업으로 이직했다. IT 분야에 대한 기반지식이 전혀 없는 상태로 기획·마케팅 업무를 맡았다. 내가 할 수 있는 일은 오직 '학습'뿐이었다. 일단 내가 몸담고 있는 분야가 어떻게 돌아가는지 전반적으로 파악하고 싶어서 한국정보산업연합회에서 주관하는 'e비즈니스 컨설턴트 과정'에 등록했다. 낯선 용어가 많았지만 꾸준히 성실하게 진도를 따라갔다. 다행히 공부하는 과정에서 업계에 있는 좋은 분들을 많이 만났다. 배우는 내용도 업무와 생활에 적용할 수 있어서 도움이 많이 되었지만 거기서 만난 사람들을 통해서 업계의 실질적인 정보와 노하우를 많이 배웠다.

학습현장에서 만난 사람들은 일하면서 만나는 사람들과는 뭔가 달랐다. 이해관계가 없으므로 부담 없이 친해지고 속마음도 얘기했다. '학습'을 통해 새로운 '관계'가 형성될 수 있음을 깨닫는 기회가 되었다. 이렇게 해서 업계 상황을 이해한 다음에는 온라인 기업 교육의 대표 휴넷에서 진행하는 '전략기획 전문 과정'을 선택했다. 이 과정에서 내 핵심 업무인 기획·마케팅 업무를 수행하는 데 필요한 지식과 방법을 배웠다.

　IT 기업에서 근무한 다음에는 전혀 엉뚱한 분야인 외식업체로 옮겼다. IT 분야에서 알게 된 분과의 인연으로 옮겨간 것이다. 초반에는 외식 분야를 이해하려고 그 분야에서 성공한 분들이 쓴 책을 30여 권 읽었다. 그리고 회사의 배려로 일본 외식 연수를 외식기업 CEO들과 함께 다녀왔다. 외식 분야를 보는 시야가 조금씩 넓어졌다. 하지만 외식 분야는 IT 분야와는 성격이 전혀 다른 업종이었다. 그래서 나 나름대로 내면적 갈등도 많았다.

　이런 상황에서 좋은나무성품학교에서 처음으로 실시한 '성품지도자 인증과정'을 공부하기로 했다. 성품에 대해 집중적으로 연구하고 성품교육에 헌신하던 이영숙 박사가 그동안의 노력을 집대성해 성품지도자 양성을 목표로 처음 창안한 교육과정이었다. 나는 제1기 학생으로서 지금까지 한 번도 체계적으로 배우지 못한 성품에 대해 깨우치면서 참으로 많은 것을 느꼈다. 열두 가지로 분류한 각 성품의 정의를 알고 그 성품을 실행하고 익히려면 어떻게 해야 하는지 구체적으로 배웠다. 가장 와 닿은 성품은 '경청'과 '배려'였다. '경청'은 '상대방의 말과 행동을 집중해서 들으며 상대방이 얼마나 소중한지 인정해주는 것'이라고 했다. '배려'는 '나와 상대방 그리고 환경을 진심을 다해 관찰해서 보살피는 것'이었다. 전혀 생소한 외식기업에 있으면서 그래도 많은 사람과 좋은 인연을 맺고 지금까지도 서로 그리워하고 도와주며 지내는 것은 그때 경청하고 배려하는 성품을 배우며 나에게 적용하고 나를 고쳐나가려 한 덕분이라고 생각한다.

전문 강사로 나서기 전에는 한국리더십센터에서 열린 '창의적 교수법 워크숍'에 참가했다. 미국에서 참여자 중심의 흥미롭고 성과가 탁월한 교수법으로 정평이 나 있는 창의적 교수법의 창시자 밥 파이크의 프로그램이었다. 이틀간의 강의가 어떻게 지나갔는지 모를 정도로 재미있고 유익했다. 강사가 일방적으로 전달하는 방식이 아니라 청중을 어떻게 참여시키고 몰입시키는지에 초점을 맞추었다. 다양한 도구를 사용해 구체적인 상황을 보여주었다. 강사로서 필요한 많은 부분을 배우고 갖추는 기회가 됐다.

이렇게 인생의 변화 단계마다 필요한 내용을 배우고 일상에 적용하며 나 자신을 바꿔왔다. 그리고 그 과정에서 내가 배우고 깨달은 것을 직원들, 같이 공부한 사람들 그리고 나중에는 강의를 들은 이들과 공유하고 나누었다. 공유와 나눔을 통해 관계가 형성되자 사람들은 내게 더 좋은 기회를 나눠주었다. 배우고, 적용하고, 고치고, 공유하자. 내가 바뀌고 성숙하며 확장된다.

# 고객의 마음에
# 내 이름을 새겨
# 휴먼브랜드가 돼라

　　　　　　　　　　강력한 브랜드는 불황에도 매출이 늘어난다. 왜 그럴까? 경기가 어려워지면 사람들은 수입이 줄어들 거라 예상해 지출을 줄인다. 지출을 줄이는 사람들의 마음 한구석에는 자신도 모르게 불만이 조금씩 쌓인다. 그래서 소비할 때 지출 횟수와 전체 규모를 줄이는 대신 자신이 좋아하는 브랜드에 집중해서 쓴다. 그럼으로써 쌓여 있던 심리적 불만이 어느 정도 해소되고 스스로도 뿌듯해한다.

　파워 브랜드와 일반 브랜드의 결정적 차이는 무엇일까? 샤넬 브랜드 가방을 꼭 갖고 싶어하는 여성이 있다고 하자. 이 여성이 거리를 가는데 저 앞에서 두 명이 샤넬에 대해 이야기하면서 오고 있다. 이 여성의 귀에 샤넬이라는 이름이 들리는 순간, 바로 가슴이 뛰면서 갑자기 이런저런 생각이 마구 떠오른다. '저 사람들이 지금 샤넬을 사러 가는 걸까? 아니면 반품하러 가는 건가? 나는 샤넬을 사려면 아직 80만 원을 더 모아야 하는데. 아! 빨리빨리 돈을 모아서 샤넬을 사야지.'

그 이름을 들었을 때 심장박동이 빨라지고 가슴이 뛰면서 그것이 보고 싶고 갖고 싶어 마음이 두근거리는 것이 바로 파워 브랜드다.

그런데 저 앞에서 사람들이 큰소리로 꽃사슴표 가방이 어쨌다는 둥 하면서 걸어온다. 샤넬에 꽂혀 있는 여성은 꽃사슴표 가방이라는 말이 아무리 크게 들려도 흔들리지 않는다. 그냥 무덤덤하게 흘려버릴 뿐이다. 그 이름을 들었는데도 마음과 감정에 아무런 파동을 만들지 못하는 것은 일반 브랜드다.

험난한 불황의 터널을 통과하는 길은 우리 회사의 상품을 강력한 브랜드로 만드는 것이다. 우리 회사 상품의 이름을 듣는 순간 고객의 가슴이 뛰고 감정이 흔들리면서 보고 싶어하고 꼭 갖고 싶다는 간절한 생각이 들어야 한다. 고객의 마음에 우리 회사 상품의 이름을 선명하게 새기는 것이 마케팅의 목적이라고 생각한다.

주얼리 브랜드 '코이누르'는 스토리를 담은 디자인을 추구하며 강력히 브랜딩하는 회사다. 나는 주얼리와 별로 관계없이 사는데 우연한 기회에 '코이누르'를 알게 되었다. 매월 열리는 조찬강연회 장소를 구하지 못해 SNS로 도움을 요청했을 때 강연장소를 제공해준 사람이 '코이누르'의 송진희 대표다. 송진희 대표는 토요일 아침 7시 강연에 맞추려고 양평에 있는 집에서 새벽에 나와서 매장 공간을 정리해주었다. 그 덕분에 많은 사람이 뜻 깊은 시간을 보냈다.

강의가 끝난 뒤 송진희 대표가 강의에서 언급한 내 딸의 편지가 감명 깊었다며 딸에게 주라고 작은 반지를 선물했다. 그런데 반지 모양이 특별해 보였다. 은으로 만든 반지는 끝부분이 서로 교차하면서 솟아올라 전체적으로 다이아반지처럼 보였다. 이건 어떤 반지냐고 물으니 '실버 다이아'라고 했다. 따로 디자인해서 직접 만들었다고 했다. 나는 그 분야에 문외한이었으므로 진열된 반지 중에서 고르는 것이 아니라 따로 디자인해서 만드는 반지가 있다는 것을 처음 알았다. 독특한 반지를 받으니 가슴이 뛰어 흥분된 상태로 송 대표와 여러 이야기를 나누었다.

'코이누르'는 영국 여왕의 왕관에 박혀 있는, 세계에서 가장 오래된 다이아몬드로 알려져 있다. 이것을 지니면 세계를 가질 수 있다는 전설이 있다고 했다. 송 대표는 '코이누르'가 세계적인 주얼리 브랜드 '티파니'를 넘어서 독보적인 디자인 브랜드가 되기를 바란다고 했다. 이를 위해 '코이누르' 제품에 고객의 인생과 가치가 고스란히 담기게 하려고 정성을 다한다고 했다. 그래서 고객이 오면 제품부터 보여주는 것이 아니라 고객과 이야기하며 고객의 삶을 이해하고 주얼리를 통해 얻고 싶은 가치를 파악하는 데 심혈을 기울인다고 했다. 그러면 고객은 그 과정에서 디자이너의 마음과 정성을 접하고 감동받는다. 그렇게 해서 탄생한 주얼리는 그 고객에게는 세상에서 단 하나뿐인 보석이 된다.

이렇게 대화와 정성을 통해 탄생하는 코이누르 커플링은 결혼을 약속한 한 커플에게 더 특별한 의미가 되었다. 그 남자는 오스트레일리아에서 살았고 그 여자는 한국에서 살았다. 결혼을 약속한 이들은 서로 사랑을 간직할 커플링을 하고 싶어 코이누르를 찾아왔다. 그래서 가게에 전시되어 있는 샘플을 보여주며 마음에 드는 걸 골라보라고 하기 전에 그들이 어떤 상황에서 어떤 마음으로 커플링을 하고 싶은지 물었다. 그들의 대답을 들은 가게에서는 9개월에 걸쳐 여자에게는 오페라하우스 모양의 반지를, 남자에게는 63빌딩 형태의 반지를 만들어 건넸다. 이들이 결혼식 때 쓸 반지는 분명 코이누르에서 맞출 것이다.

강력한 브랜드가 되겠다고 처음부터 막대한 예산을 들여 대중을 상대로 광고할 필요는 없다. 더구나 중소기업에서는 엄두도 낼 수 없다. 이때 할 수 있는 일은 바로 지금 나에게 찾아온 고객의 마음에 강력하고 선명하게 브랜드를 새기는 것이다. 그렇게 해서 브랜드를 가슴에 품고 간 고객 주변에는 많은 사람이 있다. 그 사람들의 입을 통해 브랜드는 일파만파로 퍼져나갈 것이다.

브랜드가 된다는 것은 비단 상품에만 국한되지 않는다. 나 자신이 휴먼브랜드가 되어야 한다. 휴먼브랜드라고 해서 이름만 대면 모든 사람이 아는 유명인이 되어야 한다는 뜻은 아니다. 그보다는 나와 같이 일한 사람들, 나와 만난 고객들 그리고 지금 나와 함께 있는 사람들이 나를 좋은 모습으로 강력하게 기억해야 한다는 것이다.

예를 들어 나와 같은 부서에서 근무한 적이 있는 직장상사가 신문을 보다가 '수용성 물질이 들어간…'이라는 구절을 읽게 되었다고 하

자. 이때 '수용성 물질? 참, 그때 같이 일했던 송수용 대리는 잘 지내나? 그 친구 뭐 하나 맡기면 똑 부러지게 했는데, 다음 인사이동 때는 꼭 우리 부서로 데려와야지'라고 생각하면서 나한테 전화한다.

"안녕하세요? 부장님. 그동안 잘 계셨습니까? 제가 먼저 전화드려야 하는 데 죄송합니다. 제가 도와드릴 일이라도 있습니까?"

"아닐세. 그냥 신문 보는데 자네 이름이 보이잖아. 그래서 전화했지. 요즘도 잘하지? 다음 인사이동 때는 꼭 우리 부서로 와야 하네. 알겠지?"

이것이 휴먼브랜드다. 내 이름이 함께 근무했던 직장상사와 동료, 후배들 마음에 긍정적으로 새겨져 그들이 내 이름과 비슷한 글자만 보아도 나를 떠올리고 나를 보고 싶어하며 바로 전화를 걸게 하는 것이다. 내가 그렇게 된다면 경제가 어려워지고 위기가 와도 강력한 브랜드 상품이 불황에 더욱 매출이 느는 것처럼 내 가치는 더욱 올라간다.

직장인이라면 내가 근무하는 회사와 우리 회사의 상품을 먼저 강력한 브랜드로 만들려고 정성을 다해야 한다. 그런 과정을 거쳐 강력한 브랜드를 창출해내는 경험을 온전히 자기 것으로 만들면 그 노하우를 자기 자신에게 적용할 수 있다. 모든 기업은 강력한 브랜드가 되길 원한다. 그러나 실제로 그것을 구현한 기업은 많지 않다. 따라서 실제로 강력한 브랜드를 만들어본 노하우가 있는 사람은 그 사람 자체가 멋진 휴먼브랜드가 될 수 있다. 하지만 노하우만으로는 휴먼브랜드가 되지 않는다. 그를 아는 사람들이 그의 가치를 인정하고 아끼고 사랑해야 한다. 사람들이 내 이름을 들었을 때 가슴이 뛰고 마음이 흔들리면서 보고 싶고 만나고 싶은 사람, 그 사람이 바로 휴먼브랜드다.

  우리는 다중경력시대를 살고 있다. 지금 내 곁에 있는 직장동료와 선후배들도 언제든 내 고객이 될 수 있다. 우리 회사 상품을 구매해주는 고객이나 내 곁에서 함께 일하는 미래의 잠재고객 마음에 내 이름을 멋지고 아름답게 새기자. 그들이 내 이름을 듣는 순간 가슴이 뛰면서 내 전화번호를 누를 수 있는 휴먼브랜드가 되자.

# 경청과 배려로
## 따뜻하고 멋진
# 리더가 돼라

프랭클린 루스벨트 대통령은 미국 역사상 위대한 대통령으로 추앙받는다. 1933년 3월 4일부터 1945년 4월 2일까지 대통령직을 연임한 그는 미국에서 유일하게 4선이었다. 그가 대통령직에 처음 취임했을 때 미국은 최악의 경제 상황에 놓여 있었다. 실업자는 1,000만 명을 훨씬 넘었으며, 수많은 공장이 문을 닫고 농민들은 농산물 가격 폭락으로 심각한 위기에 직면해 있었다. 이때 그는 '뉴딜New Deal' 정책을 통해 이 위기를 극복하고자 했다. 그런데 정책이 성공하려면 정책의 내용도 중요하지만 국민의 전폭적인 지지와 단결이 필요했다.

　루스벨트는 그때까지는 없었던 방법으로 국민의 마음을 열고자 했다. 바로 라디오 연설이었다. 1933년 3월 12일, 그는 역사적인 첫 번째 라디오 연설을 했다. 연설은 크게 성공했다. 그의 연설을 들은 국민은 그에게 아낌없는 신뢰를 보냈다. 그는 경제 공황을 극복했고 제2차 세계대전을 승리로 이끌었다. 그런데 이 드라마틱한 반전을 이끌어낸 원동력은 무엇이었을까? 그 당시 라디오 연설을 들은 사람들은 그의 연설을 'Fireside chat', 즉 '난롯가에서 나누는 정다운 이야기'라고 했다. 그의 연설은 나를 따르라는 식의 일방적인 훈시나 딱딱한 대국민 담화문 형태가 아니었다. 그는 "Good evening friends"라는 인사로 연설을 시작했다. 그리고 국민에게 "내 친구들이여! 경제 위기를 극복하는 것은 내 문제인 동시에 여러분의 문제입니다. 우리가 함께하는 한 우리는 결코 실패하지 않을 것입니다"라고 진심으로 호소했다. 그의 연설은 경제 위기로 얼음장처럼 싸늘해진 국민의 마음을 완전히 녹였다. 따뜻하고도 간절한 그의 마음이 국민에게 전해진 것이다.

우리는 흔히 대통령이나 CEO처럼 지위가 높거나 명예가 있는 사람을 리더라고 생각하기 쉽다. 그러나 반드시 그렇지는 않다. 누군가에게 영향을 미쳐 조직이나 상황에 변화를 주는 사람은 모두 리더다. 가정이든 동아리든 직장이든 주변에는 늘 사람들이 있다. 내 태도와 행동은 내가 원하든 원하지 않든 그들에게 영향을 미친다. 따라서 우리는 모두 리더다.

리더의 유형은 크게 지시형 리더와 공감형 리더로 나눌 수 있다. 지시형 리더는 조직원들에게 비전을 제시하고 본인의 뜻과 의지로 모든 체제를 일사불란하게 움직여 목표를 달성하는 스타일이다. 공공감형 리더는 테레사 수녀 같은 스타일이다. 그녀는 높은 자리에 있지 않았다. 그 대신 그녀는 이 세상의 가장 가난한 마을로 가서 어려움에 처한 어린이 한 명 한 명을 보살폈다. "내가 가난한 사람을 모두 구제할 수는 없다. 나는 다만 내가 만나는 어린이 한 명 한 명을 도울 뿐이다"라고 말하며 희망이 없어 보이는 아이들에게 먹을 것을 나눠주고 학교를 세워주었다. 그녀는 지구의 구석진 곳에서 일했지만 전 세계인에게 영향을 미쳤다. 공감형 리더는 따뜻함으로 사람을 움직이는 리더인 것이다.

조직 구성원이 지적 역량이 부족하고 정보에 대한 지식이 미흡할 때는 지시형 리더가 필요하다. 하지만 구성원의 지적 수준이 높고 정보가 모든 사람에게 비슷하게 주어질 때 지시형 리더는 갈등과 분열을 초래하기 쉽다. 지금은 고학력에 인터넷의 보급으로 사람들의 지적 수준과 정보에 대한 공유 정도가 비슷하다. 따라서 요즘 시대가 원하는 리더는 지시형보다는 공감형의 따뜻한 리더다. 따뜻한 리더는 자기 생각을 말하기 전에 상대방의 말을 먼저 듣는다. 그냥 듣는 것이 아니라 진심으로 경청한다. 따뜻한 리더와 대화한 사람은 그가 말을 크게, 많이 하지 않아도 그를 좋아하고, 그가 무엇을 하자고 하면 열심히 돕고 싶어한다. 무엇보다 따뜻한 리더에게는 지혜가 있다. 의견이 다른 사람들 사이의 대화를 중재할 때 단순히 타협하는 것이 아니라 양자에게 모두 도움이 되는 제3의 대안을 만들도록 조정한다. 그 과정에서 따뜻한 리더는 의견 조정에 참여한 모든 사람이 각자 소중한 사람으로 대우받는다는 느낌이 들게 한다.

리더는 지시하는 사람이 아니라 듣는 사람이다. 리더는 자기 마음대로 하는 사람이 아니라 모든 사람이 자기가 원하는 대로 됐다고 느끼게 하는 사람이다. 리더는 자신이 제일 중요하다고 생각하는 것이 아니라 구성원들이 각자 자신이 정말 소중한 사람이라는 생각이 들게 한다.

IT 벤처기업에서 근무할 때의 일이다. 당시 소프트웨어 개발자들은 신제품을 개발하려고 거의 사무실에서 밤을 새우며 일했다. 아침에 가보면 여기저기서 신문이나 박스를 깔고 잠들어 있었다. 그런 모습을 보고 있으면 가슴이 미어지고 뭉클해졌다. 그러면 나는 그들이 일어나기 전에 그들에게 개별적으로 메일을 보내곤 했다.

"심 대리… 심 대리의 정성과 노력이 반드시 결실을 맺게 될 거야. 진정으로 최선을 다하는 모습, 정말 멋있고 고맙다. 일어나면 라면 먹으러 가자."

나는 기획 마케팅 이사직을 맡았기 때문에 개발자들이 직속 부하직원은 아니었다. 하지만 그들의 노력과 헌신에 진심으로 고마움을 표했다. 그들은 이런 작은 배려에 무척이나 감격했다. 그리고 본인들의 업무에 최선을 다했을 뿐만 아니라 내가 추진하는 일에도 전폭적으로 호응했다.

리더의 지혜와 리더십은 성품에서 나온다. 사람들의 지식수준이 높아지고 경쟁이 치열해질수록 더욱 빛을 발하는 것이 리더의 성품이다. 우리는 다른 사람의 거칠고 왜곡된 성품 때문에 종종 괴로워하고 아픔을 겪는다. 마찬가지로 불완전한 내 성품이 다른 많은 이들에게 상처를 주기도 한다. 리더는 먼저 자기 성품을 깊이 돌아본 뒤 개선하려고 끊임없이 노력하고 공부해야 한다.

성품 가운데 가장 기본이 바로 경청하는 자세다. 사람들은 대부분 질문과 고민에 대해 이미 해결책을 가지고 있다. 그 안에 문제의 원인이 들어 있기 때문이다. 진심으로 상대방의 마음을 이해하고자 경청하면 문제의 핵심을 파악할 뿐 아니라 상대방이 나를 신뢰하고 좋아하게 된다. 경청을 통해 문제의 핵심을 파악하면 대안을 세울 수 있다. 그렇게 세운 대안을 차분히 들려주면 이미 마음이 열려 있는 상대방은 긍정적인 피드백으로 받아들인다. 그래서 사람들은 말을 잘하는 사람을 존경하는 것이 아니라 말을 잘 들어주는 사람을 존경한다.

또 하나 중요한 성품이 바로 배려다. 배려는 다른 사람과 환경에 관심을 갖고 잘 관찰하여 보살피는 것이다. 아랫사람이 무거운 것을 들고 갈 때 상사가 슬쩍 가서 반을 덜어주면 그 직원은 어떤 마음이 들겠는가? 권위는 권위를 세우려 할 때 세워지는 것이 아니라 배려할 때 절로 얻어지는 것이다.

사람은 주변 사람들에게 어떤 식으로든 영향을 미치기에 우리는 모두 리더다. 그러니 우리는 리더로 살아야 한다. 이왕 리더로 살아야 한다면 정말 멋진 리더가 되는 게 좋지 않을까? 가장 멋진 리더는 사람들의 마음을 얻는 리더다. 경청과 배려로 따뜻한 영향력을 발휘하는 멋진 리더가 되자.

# 나누기 위해 누리고,
# 누리기 위해 나눠라

　　　　　　　　　　외식 프랜차이즈사업으로 크게 성공하고 싶어하는 30대 초반의 남자가 있었다. 그는 어떤 아이템으로 사업을 해야 대박을 터뜨릴지 수없이 고민했다. 그러다가 문득 군대 시절 고참이 끓여주던 라면 맛을 떠올렸다. 살을 에는 한겨울의 강추위에 경계 근무를 마치고 초소로 돌아와서 먹은, 고참이 막 끓여준 라면은 평생 잊지 못할 환상적인 맛이었다. 그는 군대에 같이 있었던 사람들을 수소문한 끝에 어렵사리 그 고참의 주소를 알아냈다. 그리고 그를 찾아가 그때 그 라면 맛을 냈던 방법과 레시피를 가르쳐달라고 했다. 그런데 그 고참은 "특별한 게 없는데"라며 꼭 필요하냐고 물었다. 그는 꼭 필요하니 알려달라고 졸랐다. 고참은 라면의 레시피와 조리방법을 적어주었다. 그러면서 "일단 이대로 해보고 아무리 해도 맛이 나지 않으면 마지막 순간에 뒷면을 봐"라고 말했다.

그는 고참이 적어준 대로 라면을 끓여 먹어 보았다. 하지만 보통 라면 맛과 별 차이가 없었다. 그는 고참의 말이 생각나 레시피 뒷면을 살펴보았다. 거기에는 "추운 겨울날 새벽 3시까지 일을 하고 돌아와 끓여 먹을 것"이라고 적혀 있었다. 군 시절 먹은 라면과 제대 후 먹은 라면의 재료는 똑같지만 언제 어느 상황에서 어떤 마음으로 먹느냐에 따라 그 맛은 완전히 달라진다는 얘기다.

마찬가지로, 인생을 어느 상황에서 어떤 마음으로 바라보느냐에 따라 인생의 맛은 완전히 달라진다. 세계적인 팝스타 마이클 잭슨이 죽었다는 소식이 전해지자 많은 사람이 큰 충격에 빠졌다. 그의 마지막은 너무도 안타까웠다. 그는 여섯 살 때 가수 활동을 시작해 세계 최고가 되었다. 그가 번 돈을 모두 합치면 수조 원이 넘었다. 하지만 마지막에 그는 비쩍 말라서 키 180센티미터에 몸무게가 50킬로그램으로 위에는 알약만 가득했다고 한다. 빚은 2,000억 원이 넘었다. 아버지와 닮아가는 게 싫어서 피부색과 얼굴 모양을 바꾸려고 몇 차례나 성형수술을 받았다. 전 세계에 팬이 수억 명이나 있는 최고 가수의 마음이 저토록 허하고 상처투성이였다는 말인가! 마이클 잭슨은 노래로 많은 사람을 열광시켰지만 정작 자신은 행복이나 진정한 기쁨을 느끼지 못했으며 자신의 소중함을 잘 몰랐다.

다른 누군가를 즐겁게 해주고 기쁘게 해주기 전에 '누림'이 먼저 있어야 한다. '누림'이란 현재 내 삶에 주어진 여러 환경과 관계 그리고 자기 자신의 존재 의미를 이해하고 감사하는 것이다. 현재의 환경이 좋은 사람은 그 자체에 감사하며 더욱 멋진 미래를 희망하고, 현재의 환경이 어려운 이들은 새로운 미래를 만들어가는 과정을 즐기는 것이다. 이러한 누림이 없다면 타인을 아무리 즐겁게 해준다 해도 그 자신은 더욱 공허해지고 힘들어질 뿐이다.

우리가 삶을 제대로 누리지 못하는 데는 몇 가지 원인이 있다. 가장 큰 이유는 다른 사람과 나를 비교하는 것이다. 비교는 자극적이면서도 어리석다. 우리는 각자 특성에 맞는 삶을 살아갈 때 자신만의 가치를 느끼며 진정한 행복을 누릴 수 있다. 비교 때문에 다른 사람을 흉내 내는 삶은 공허할 뿐이다. 그 공허감은 누구보다 자기 자신이 제일 잘 느낀다.

또 하나의 이유는 상처다. 내 마음속 깊은 곳에 자리 잡은 상처의 쓴 뿌리가 내 정신을 갉아먹는 것이다. 마이클 잭슨 또한 결국 그 쓰디쓴 뿌리들을 뽑아버리지 못해 안타깝게 생을 마감하고 말았다. 우리는 상처를 통해 더욱 성숙해지고 다른 사람을 이해하며 돌아볼 수 있다. 그러나 그 상처 자체가 성인이 된 나에게 영향을 미치게 하면 안 된다.

끝으로 삶을 누리지 못하는 원인은 지나친 욕심 때문이다. 단순한 승부욕이나 더 큰 것에 대한 욕심 때문에 일을 그르치고 우리가 원하는 삶을 누리지 못하게 된다.

남들과 비교할 필요가 없다. 자신만의 특별한 삶을 살아가면 된다. 상처의 쓰디쓴 뿌리는 이제 모두 걷어버리자. 지나친 욕심이 나를 사로잡지 않도록 과정을 즐기려는 마음을 가져보자.

이렇게 해서 스스로 삶을 누릴 수 있게 되면 우리는 다시 시선을 밖으로 돌릴 수 있다. 그것이 바로 '나눔'이다. 나눔이 가치 있게 되려면 자신의 누림이 있어야 한다. 자신은 공허한 채 나눔이라는 명분에만 사로잡히는 것도 불행한 일이기 때문이다. 나눔의 기쁨과 감격은 경험해보지 않은 사람은 잘 모른다. 자신의 작은 봉사와 기부로 한 사람의 인생에 결정적인 위로와 격려가 될 수 있다는 것은 참으로 큰 행복의 하나다. 성공을 자기 야망의 성취라고 생각하는 사람들이 주변 사람들을 얼마나 힘들게 하는지 모른다. 하지만 성공을 나눔이라고 정의하는 사람들 주변에는 늘 웃음과 행복이 함께한다.

세계적인 부자인 워런 버핏의 아들이 아프리카에서 옥수수 농사를 짓고 있다는 뉴스를 본 적이 있다. 버핏은 자기 재산의 거의 대부분을 이미 사회에 환원했다. 그 자녀들도 아버지 재산을 상속받으려는 생각을 아예 하지 않는다고 한다. '나눔'의 가치와 의미를 알고 있기 때문이다. 나눌 줄 아는 사람의 얼굴은 평화로워 보이고 여유가 있다. 자기 재능을 다해 일하고 성공을 거둔 다음 그 결과물을 다른 사람들과 나누는 것이 바로 성공의 아름다운 사이클이다.

가출 청소년을 돌보는 '쉼터'에서 일하는 분들을 대상으로 강의할 기회가 있었다. 강의 전에 담당자에게서 한 소년의 이야기를 들었다. 소년은 아기였을 때 엄마가 시설에 맡기고 간 뒤 가족도 없이 열세 살이 되었다. 그런데 이 친구가 축구에 탁월한 재능이 있는데도 비용이 만만치 않아 어려움을 겪고 있다고 했다. 강의를 잘 마치고 돌아왔는데 축구 소년 이야기가 마음에서 떠나지 않았다. 많은 생각 끝에 한 가지 프로젝트를 기획했다. 'DID 꿈 도미노 프로젝트'였다.

재능 있는 청소년을 그가 꿈을 이룰 때까지 지속적으로 돕는 것이다. 금전만 지원하는 것이 아니라 같이 얘기도 하고 꿈을 이루는 데 필요한 모든 것을 돕는 것이다. 그래서 그 아이가 꿈을 이루면 그 아이는 또 다른 아이가 꿈을 이루도록 돕는 것이다. 이렇게 꿈을 돕는 활동이 도미노처럼 퍼져가는 것이다. 이러한 뜻을 'DID 조찬 모임'에서 상세히 설명했다. 프로젝트 이야기를 들은 멤버들은 진심으로 환영하며 동참하겠다고 했다.

'DID'는 생각하는 즉시 행동으로 옮기는 것이다. 두 달 후 '제1회 DID 청소년 가장 돕기 디너 바자회'를 열었다. DID 대학생 봉사단에서 실무 준비를 맡았다. 조찬 모임에 참석하는 회원들과 주변 사람들이 각종 바자회 물품을 출연해주었다. 최고급 슈트와 주얼리, 최신 도서와 힐링스파 상품권, 이건만 지갑 등 여러 상품이 열띤 경매 방식으로 판매되었다. 가장 압권이었던 것은 강강술래에서 후원한 '정성도시락'이었다. 1인당 2만 원씩 받고 판매한 정성도시락에는 한우불고기와 삼색전을 비롯한 12가지 한식 반찬이 정갈하게 차려져 있었다.

뉴로 마케팅 포럼을 이끌고 있는 코몽드아카데미 박정현 원장은 "이렇게 정성이 들어간 도시락은 처음 봅니다. 저도 새해에는 우리 수강생들에게 더욱 정성을 다해야겠다는 결심을 하게 되네요"라고 하며 즉석에서 기부금을 내주었다. 대학생 봉사단의 수고도 만만치 않았다. 남자친구의 손목을 잡고 주방으로 들어가 150명이 넘는 손님들에게 맛있는 어묵탕을 성공적으로 끓여낸 표세라 학생, 바자회 기획부터 섭외까지 세심하게 준비한 김성선 군, 바자회 물품을 맡아 훌륭하게 판매한 김경희, 유수현, 임유희 양, 서빙을 도와준 갯벌의 진주 조인성 군, 바자회 현장을 멋지게 장식해준 전일 씨, 경매 MC를 멋지게 해내 매출을 극대화한 김성윤 대표 그리고 무엇보다 전체 살림살이를 잘 챙겨준 정태모 팀장, 아낌없이 도움의 손길을 준 김양수 교수, 김의봉 팀장, 정유정 강사, 박현주 책임 등 많은 이들의 수고와 헌신으로 바자회를 성공적으로 마쳤다.

바자회를 마치고 축구 소년을 만나러 갔다. 소년에게 축구에 대한 꿈을 이루려면 계속 도전하라고 격려했다. 그리고 매달 일정 금액을 소년의 계좌에 자동이체를 했다. 소년은 얼마 전 중학교 축구부에 들어갔다는 소식을 전해왔다. 자동이체된 금액 외에 합숙과 운동에 필요한 비용도 힘닿는 데까지 도울 생각이다. 내가 주관하는 조찬강연회와 다른 세미나의 수익을 기부금으로 사용한다. 소년이 꿈을 이루는 날 내 꿈도 함께 이루어질 것이다. 그리고 누군가의 꿈을 돕는 새로운 도미노가 계속될 것이다.

인생은 한 번뿐이다. 언제 세상을 떠날지 아무도 모른다. 이런 삶을 비교와 욕심 그리고 상처로 힘들어하며 살다가 갈 것인가? 아니면 스스로 누리고 나누며 아름답게 채우다 갈 것인가? 누리며 살자. 나누며 살자. 성공과 행복의 에너지는 나눌수록 다시 수십 배의 다른 긍정 에너지와 함께 돌아오게 되어 있다. 인생은 누림으로 충만해지고 나눔으로 완성된다.

# 지금,
# 내 마지막 순간에 읽을
# 추도사를 써보자

　　　　　　　　대입 수능을 마친 아이가 있는 학부모들로부터 언제 DID 강의를 들을 수 있느냐는 문의가 종종 온다. 그 이유는 두 가지다. 대학 입학을 앞둔 자녀가 성인으로 살아가는 데 도움이 되었으면 해서이거나 입시에 실패한 자녀가 강의를 듣고 더 열심히 공부했으면 하는 마음에서다. 신기하게도 강의를 들으러 온 학생들이 예비 대학생인지 재수생인지는 얼굴만 봐도 알 수 있다.

　대학에 한번에 들어가느냐 재수나 삼수를 하느냐는 인생 전반에 그렇게 중요한 변수가 되지 않는다. 그 당시에는 인생의 실패자처럼 느껴지지만 지나고 나면 아무것도 아니라는 것을 알게 된다. 졸업하면서 바로 이른바 최고 명문대에 입학했지만 지금은 어렵게 사는 친구들도 있다. 반면에 삼수, 사수해서 어렵게 대학에 들어갔지만 지금은 탁월한 전문가가 되어 멋지게 사는 친구들도 많다. 인생은 몇 번의 실수나 실패로 결정되는 것이 아니다. 더구나 10대나 20대에 겪는 낙방이나 좌절은 절대로 실패라고 할 수 없다. 그 사람의 마음 가짐에 따라 그것이 보약이 되어 더욱 강한 사람으로 발전하는 원동력이 되는 경우가 많기 때문이다.

이제 우리 수명은 100세를 넘어 120세를 향해 가고 있다. 이 세월을 살아가는 중간에 일어나는 모든 일은 내 인생을 다채롭게 만들어 줄 소중한 재료다. 중요한 것은 그러한 소중한 재료가 모여 인생이 아름답고 행복하게 마무리되어야 한다는 것이다.

시골의 어려운 집안에서 자랐지만 서울에 올라와 건설업으로 수백억 원을 번 사람이 있다. 그런데 이 사람은 돈은 많이 벌었지만 다른 사람을 돕고 나눌 줄 몰랐다. 어디를 가든 주인공 행세를 했고 늘 자기 자랑에 초점을 맞추었다. 자신이 태어난 고향에도 별반 기여하지 않고 오히려 그 지역 사람들이나 친척들을 무시하고 으스대기 바빴다. 나중에 이 사람이 죽어 시신을 실은 장의 차량이 고향에 도착했을 때 놀라운 일이 벌어지고 말았다. 지역 주민들이 모두 나와 동네 입구에서 장의 차량을 막고 그 사람은 이 동네에 묻힐 수 없으니 돌아가라고 했다는 것이다. 무덤이 있는 선산은 물론 그 사람의 개인 재산이었다. 하지만 모든 주민이 나와 반대하니 유족도 어쩔 수 없었다. 결국 차를 돌려 벽제로 가 화장했다고 한다. 자주 가는 백반집 사장님이 고향 사람 이야기라며 들려준 내용이다. 부자로 살았지만 누구보다 가난한 모습으로 인생을 마친 한 사람의 일생이 너무도 안타까웠다.

 반면에 평생 가난하게 살았지만 삶을 마감한 뒤 누구보다 사랑받고 존경받는 사람도 있다. 철가방 김우수 씨. 얼마 전 그의 실제 이야기가 영화로 만들어져 사람들의 마음을 따뜻하게 해주기도 했다. 그는 고아로 자라 중국집에서 배달 일을 하며 월급 70여 만 원을 받았다. 그 돈으로 결식아동 5명을 7년 동안이나 후원하다 교통사고로 세상을 떠났다. 그의 이야기가 세상에 알려지면서 영화감독과 배우들이 재능기부로 영화를 제작한 것이다.

 과연 나는 어떤 모습으로 인생을 마감할 것인가? 내 삶의 영화는 어떤 평가를 받을 것인가? 텔레비전 드라마보다 더 드라마틱한 인생, 영화의 한 장면보다 더 영화 같은 일이 비일비재한 인생. 그 마지막 엔딩 컷을 우리는 어떻게 찍을 것인가? 내가 이 질문에 대답하려고 준비한 것은 나에 대한 추도사다. 내 장례식에서 나를 추모하려고 모인 사람들에게 누군가가 읽어줄 추도사.

 사랑하는 교수님께.
 교수님을 처음 만나 뵌 것이 어제 일만 같은데 벌써 이렇게 먼 이별을 해야 하네요. 교수님은 강의와 연구 그리고 많은 대외 업무 때문에 바쁘신 와중에도 저희 학생들을 늘 신경 써주셨죠. 컴퓨터 앞에서 정신없이 일을 하시다가도 저희가 찾아가면 항상 저희와 먼저 눈을 맞추시고 여름엔 시원한 음료수를, 겨울엔 따뜻한 차를 내주셨습니다. 저희는 교수님이 바쁘신 줄 알면서도 궁금한 것들을 끝도 없이 질문했고 교수님은 언제 일을 하셨냐는 듯 세심하게 답을 해주셨습니다. 그런 교수님께서 연말에 학회에서 수여하는 최우수논문상을 수상한다는 소식을 들을 때마다 '아니, 교수님은 도대체 언제 연구를 그렇게 하시는 거지' 하며 의아해하곤 했습니다.

학문을 무엇보다 사랑하셨지만 늘 그 앞에 사람을 두셨던 교수님. 당신은 아무리 바쁘고 어려워도 사람들에게 표 내지 않으면서 학생들이나 이웃들의 어려움에는 자기 일처럼 나서서 도우셨습니다. 교수님은 저희 곁을 떠나신 것이 아니라 지금부터 저희 마음속에 영원히 함께 계시는 것입니다. 교수님, 감사합니다. 사랑합니다.

이런 추도사를 마음에 품고 사는 사람이라면, 인생의 마지막 순간에 이런 이야기를 들을 수 있는 삶을 살려고 최선을 다할 것이다. 물론 적어놓은 대로 똑같이 살기는 쉽지 않다. 인생은 예측불허, 어떤 일이 일어날지 모르기 때문이다. 어떤 일은 속수무책으로 그냥 온몸으로 겪어나가는 수밖에 없다. 하지만 어떤 순간에도 그런 방향으로 살려고 애쓰고 노력할 것이다.

다른 사람과 경쟁하기 전에 나 자신만의 그림을 먼저 그려야 한다. 특별한 생각 없이 세상을 살다보면 경쟁에서 살아남으려고 끊임없이 비교하며 경쟁 자체에 몰두하는 자신을 발견하게 될 것이다. 사실 김연아 선수는 연습과정에서 아사다 마오 선수를 의식할 필요가 없다. 아사다 마오가 9.6점이든 9.8점이든 본인이 10점 만점의 기술을 익히면 되기 때문이다. 만일 김연아 선수가 아사다 마오를 늘 신경 쓰면서 아사다 마오가 어떤 기술을 쓸지 민감해하고 자신보다 나은 기술을 구사하면 어떻게 하나 불안에 떨었다면 그녀는 세계 최고의 선수가 될 수 없었을 것이다.

다른 사람들의 그림을 보기 전에 내 그림을 먼저 그려보자. 내가 인생을 마무리한 다음에 어떤 요소가 그 그림에 남아 있기를 바라는지 키워드를 정리해보자. 그리고 그 키워드를 연결해 나만의 추도사를 미리 써보자. 물론 이 추도사는 살아가면서 작성한 것이므로 세월이 흐르면 얼마든지 수정할 수 있다. 중요한 것은 내가 그 끝을 생각하면서 현재를 의미 있게 보내는 것이다. 언제든 현재가 바로 끝이 될 수 있으니 지금 바로 써보자. 아무것도 적혀 있지 않은 하얀 종이를 준비하고 그 위에 나만의 삶의 키워드를 적어보자. 그리고 한 줄씩 이어보자. 내 삶이 그렇게 써지길 바라고 내 인생이 아름다운 엔딩이 되도록, 나와 함께한 이들이 나를 기억하며 사랑과 감사를 고백할 수 있도록 말이다.

# 나는 될 수밖에 없다,
## 될 때까지 할 거니까

영국에 네 살 때 아버지가 열병으로 돌아가시고 열두 살 때 어머니마저 당뇨병으로 세상을 떠난 소년이 있었다. 소년은 청년이 되자 제1차 세계대전에 참전했다. 전쟁 중 그는 치열하기로 악명이 높았던 솜전투에 참여해 수만 명이 목숨을 잃는 현장에 있었다. 그곳에서 자신의 친한 벗 두 사람이 전사하는 아픔을 겪었다. 그리고 본인은 참호열이라는 병을 얻어 귀국했다.

내가 이런 경험을 했다면 과연 나는 어떤 인생을 살았을까? 부모님을 일찍 여의고 전장에서 친구와 전우들을 잃는 참혹한 경험을 온몸으로 겪게 된다면 과연 어떤 사람이 되었을까? 어쩌면 술과 욕설로 세월을 보냈을지 모른다. 그런 경험을 하고도 전혀 예상 밖의 인생을 살아낸 사람이 바로 《반지의 제왕》을 쓴 존 로널드 류엘 톨킨이다.

《반지의 제왕》은 《해리포터》 시리즈와 함께 전 세계적으로 판타지 붐을 일으킨 작품이다. 아니, 《해리포터》 시리즈도 《반지의 제왕》에서 많은 영감을 얻었다고 할 수 있다. 그런데 엄청난 상상력이 필요할 것 같은 그 작품을 쓸 당시 작가의 나이가 무려 예순두 살이었다. 그는 유럽의 켈트족이나 게르만족 같은 북구 신화에 관심이 많았다. 그리고 그것을 30년 이상 지속적으로 연구했고 그 결과물이 바로 《반지의 제왕》이었다.

나는 톨킨의 삶을 보며 다시 한 번 나를 돌아보았다. 나는 'DID'를 외치며 머뭇거리지 말고 아이디어가 떠오르는 대로 바로 실행에 옮기자, 즉시 들이대자는 행동양식을 전파한다. 그런데 이것이 한 번 들이대고 안 되면 바로 다른 것을 찾아 떠돌아다니는 결과를 낳지 않을까 걱정된다. 사실 'DID'는 그런 것이 아니다. 한 번 들이댔다고 해서 모든 일이 자동으로 잘 풀려나가는 일은 흔치 않다. 'DID'하는 것은 시작에 불과하다. 일단 시도해서 물꼬를 트는 기능을 하는 것이다. 나는 사람들이 시작도 해보지 않고 포기하는 것이 안타까워 실행력을 강조하려 'DID'를 외쳤다. 그러나 시작만큼 중요한 것이 끝이다.

변화경영연구소 구본형 소장은 이 세상에 실패는 세 가지 유형이 있다고 했다. 첫 번째 실패는 싫어하는 분야에서 성공하는 것이다. 이것은 불행한 성공이다. 이 성공이 불행한 이유는 공허하기 때문이다. 이런 종류의 성공에는 불행을 감출 화장도구가 필요하다. 큰 차와 큰 집 그리고 사치와 거드름이 그것이다. 결국 이런 성공을 거둔 사람들은 돈과 재미로 모든 것을 치장하고 그것으로 주변의 추앙을 받으려고 한다. 그렇지만 자신의 내면은 늘 공허하고 껍데기를 벗고 싶다는 생각을 한다. 겉으로는 성공한 것처럼 보이지만 자기 자신이 되는 것에는 실패한 유형인 것이다.

두 번째 실패는 좋아하는 것에서 실패하는 것이다. 이게 진짜 제대로 된 실패다. 이런 실패는 훌륭한 학습이 되어 실패자는 결국 진정한 성공을 거두기 때문이다. 세 번째 실패는 아무것도 하지 않는 것이다. 여기엔 사실 실패도 없고 성공도 없다. 자신이 결정한 게 아무것도 없기에 세상이 이끄는 대로 그냥 따라간다. 목표가 없으니 의도도 없고 실패도 없는 것이다. 인생을 허투루 낭비했기 때문에 이는 완벽한 실패다.

결국 한 번뿐인 인생을 의미 있게 만들려면 자신이 좋아하는 분야에서 자신만의 프로젝트를 시도하고, 실패하더라도 그것을 학습의 발판으로 삼아 될 때까지 해야 한다. 비록 30년이 넘게 걸리더라도 그 인생은 자신에게 가장 당당한 삶이 된다. 그러한 과정을 거쳐 도출된 결과물은 사람들에게 진정한 감동을 준다.

될 때까지 하면 된다는 것이 장기 프로젝트에만 적용되는 것은 아니다. 강강술래에서 일할 때 전국노래자랑에 참가해 홍보하려고 가로세로 6미터짜리 대형 펼침막을 만들었다. 그 펼침막을 노래자랑을 보러 온 지역 주민들이 잘 볼 수 있도록 행사장 근처에 걸어둘 생각이었다. 그런데 막상 현장에 가보니 원래 걸기로 했던 아파트 벽면

이 사람들이 보기에는 너무 멀리 떨어져 있었다. 야심차게 크게 만들었는데 못 쓰게 되었다는 생각에 직원들은 실망했다. 하지만 그대로 물러설 수는 없었다. 그 자리에 주저앉아 무슨 방법이 없을까 골몰했다. 그렇게 한참 앉아 있는데 눈앞으로 기중기가 한 대 지나갔다. '아, 저거다!' 나는 재빨리 뛰어가 기중기 기사를 불러 세우고는 기중기 두 대로 펼침막을 걸 수 있는지 물었다. 가능하다고 했다. 그렇게 해서 그날 행사장 입구에 높다란 기중기 두 대에 강강술래의 대형 펼침막이 하늘에서 펄럭이는 장면이 연출되었다. 그 장면은 사람들에게 큰 화제가 되었다. 많은 사람이 펼침막에 쓰여 있던 '강강술래'를 보고 마음에 담아 돌아갔다.

만일 당장 눈앞에 손쓸 방법이 없는 것처럼 보인다고 해서 바로 철수해서 돌아갔다면 그 기중기를 보지 못했을 것이다. 일을 하다 보면 생각지도 못한 장애물이 나타나게 마련이다. 인생의 진짜 승부는 바로 이 대목에서 갈린다. 어떤 이들은 장애물 앞에서 쉽게 굴복하고 포기한다. 다른 이들은 당장 방법이 없는 것처럼 보여도 절대로 포기하지 않고 뭔가 다른 길이 있으리라 믿고 찾아나선다. 큰 장벽이 갑자기 튀어나와 너무 힘들고 괴로울 때, 이것을 계속하는 것이 내 인생에 무슨 큰 도움이 될까 하는 부정적인 생각이 나를 엄습할 때, 바로 그때 내가 어떤 선택을 하느냐가 남은 인생의 모습을 결정한다.

1914년 12월 어느 날, 엄청난 불길이 집 한 채를 다 집어삼키며 태우고 있었다. 그런데 예순일곱 살 된 이 집 주인은 그 광경을 눈 하나 깜짝하지 않고 차분히 바라보았다. 그리고 그는 다음 날 이렇게 말했다. "내 실수까지 모두 태워버렸으니 재난도 의미가 있다. 이제 모든 걸 새로 시작할 수 있으니 감사하다." 그리고 불이 난 지 3주 후에 그는 세계 최초로 축음기를 발명했다. 집주인의 이름은 토머스 에디슨이었다.

자신의 삶을 통해 가치 있는 뭔가를 이룬 사람들의 공통점은 지속적인 인내와 집요한 끈기로 목표를 향해 계속 실행해나갔다는 것이다. 라이트 형제도 모두 미쳤다고 했지만 날기를 포기하지 않았다. 세종대왕은 당대 지식인들의 반대에도 한글 창제를 결코 멈추지 않았다. 그들의 '계속 정신'이 있었기에 오늘날 우리는 음악을 듣고 전기로 불을 밝히며 한글로 된 책을 읽고 하늘을 날아서 전 세계를 다닌다. 될 때까지 하면 될 수밖에 없다.

어중간한 상태에서 멈추지 말자. 중간에 포기해서는 안 된다. 될 때까지 해보자. 포기하려면 종합적이고 주도면밀한 분석과 반성을 거쳐 명확한 근거를 가져야 한다. 물론 잘못된 길로 접어들었다는 것이 명확하다고 결론 났을 때는 한시라도 빨리 그만두어야 한다. 하지만 자신의 결심으로 세운 소중한 인생의 비전만큼은 절대로 쉽게 포기하지 말자.

내가 내 능력을 다 알고 있다고 속단하지 말자. 지금 내가 밥을 먹고 있는 식당에서 불이 났다고 생각해보자. 그때 내가 몇 초의 속도로 그 식당에서 빠져나오겠는가? 아마 체력장 할 때 나왔던 기록과는 비교할 수 없을 정도로 빠르게 뛰쳐나올 것이다. 과연 그 능력은 어디에 숨어 있었을까?

위기의 순간 나도 모르게 발휘되는 초능력, 그 능력은 바로 내 안에 숨어 있었다. 바로 내 안에 내가 모르는 잠재력이 있다는 얘기다. 우리는 그 능력을 활용해야 한다. 우리 안에 내재된 그 능력을 최대한 끌어내 활용해야 한다. 그러려면 새로운 목표, 더 크고 담대한 목표에 도전해야 한다. 물론 처음부터 너무 무리할 필요는 없다. 다만 일단 시작했으면 집요하고 끈기 있게 될 때까지 계속해야 한다. 그것은 마흔에 될 수도 있고 예순이 넘어서 될 수도 있다. 그렇게 해서 이루어낸 인생은 이리저리 기웃거리다 아무것도 하지 못한 인생과는 비교할 수 없다. 나는, 우리는 될 수밖에 없다. 될 때까지 할 거니까.

# 일어나 박수쳐라, 나에게

세상에서 나를 가장 격려해줄 사람은 바로 나다. '격려'는 용기나 의욕이 솟아나도록 북돋워주는 행동이다. 다른 누구로부터 격려를 기대하기 이전에 나 스스로 나를 향한 최고의 격려자가 되어야 한다. 모든 사람이 나를 가능성이 없는 사람으로 보더라도 나는 나를 섣불리 판단해서는 안 된다. 세상엔 내가 아직 해보지 않은 것이 있기 때문이다. 모든 노력을 다했는데도, 인간이 할 수 있는 정성을 전부 기울였는데도 안 된다면 그때 가서 판단해도 늦지 않다.

'성인 대표팀 발탁, 시즌 30골 이상, BOOK 20권 이상, 좋은 친구 사귀기, 부모님 결혼기념일 선물 챙기기, 배려&겸손하기'

2010년 FIFA U-17 여자 월드컵 득점왕 여민지 선수가 2009년 자기 일기에 적어놓은 꿈 목록이라고 한다. 당시 나이 열일곱 살. 꿈 목록 옆에는 그녀의 롤 모델인 리오넬 메시 선수의 사진이 붙어 있었다. 2009년 12월 9일 일기에는 "내가 인정받을 수 있는 것은 오직 젊은 투지와 실력이다. 리오넬 메시, 내 우상이자 롤 모델을 생각하며 항상 파이팅하자"라고 썼다.

  자신의 꿈과 목표, 롤 모델을 일기에 적어놓고 스스로 격려하는 여민지 선수는 어떤 어려움이 있더라도 반드시 이겨낼 것이다. 정말 힘들어 포기하고 싶을 때도, 이대로 가도 될까 의구심이 들 때도 다시 일기를 쓰며 자신을 격려할 것이다. 꿈을 향한 열정을 불태울 것이다. 최근 연이은 부상으로 기대만큼 활약을 못하지만 거기서 머물러 있지 않을 것이라 믿는다. 그녀의 우상 메시도 얼마 전 부상을 당했지만 다시 일어나 한 시즌 91골을 넣으며 신기록을 이어가고 있다. 그녀의 요즘 일기는 볼 수 없지만 분명히 메시에 대해 쓰고 있을 것이다. 그리고 스스로 격려할 것이다.

  예측불허의 상황이 벌어지고 갑작스럽게 어려움이 나타나는 것이 삶이다. 인생을 한 번의 고난도 없이 평탄한 오르막길만 걷다 가는 사람은 거의 없을 것이다. 오르막이 있으면 내리막이 있기 마련이다. 내리막이 왔을 때 그것을 원망하거나 회피하려고 하면 곤란하다. 그럴수록 더 내려가게 될 뿐이다. 스스로 삶에 대해 진지하게 인식하기 시작했을 때 꼭 알아야 할 사실이 있다. 세상에 한번에 되는 일은 없으며 오르막이 있으면 내리막이 있다는 것을, 내리막이 있으면 다시 올라갈 길도 반드시 있다는 것을.

학교 몇 년 후배 중에 사법고시를 준비하는 친구가 있었다. 그 후배는 평소 자기 관리를 잘하는 사람이었다. 업무에서도 성실해 상관들로부터 신임을 받았고 정기적으로 운동하며 체력관리도 잘했다. 어느 날, 그가 사법고시에 도전하겠다고 했다. 법학을 전공하지는 않았지만 그 친구의 집중력과 성실성이라면 가능할 것 같아 열심히 해서 꼭 합격하라고 격려했다. 놀랍게도 그는 8개월 공부하고 사법고시 1차 시험에 합격했다는 소식을 전해왔다. 전공도 하지 않은 사람이 8개월 만에 합격하다니 기적 같은 일이었다. 이야기를 들어 보니 그는 하루 16시간 이상 공부했다. 새벽 5시에 일어나 한 시간은 꼭 운동을 했다. 휴대전화는 아예 없애고 공중전화를 사용했다. 잠 잘 때는 대나무 발을 깔고 그 위에서 잤다. 그리고 나머지 시간은 모두 공부에 몰두했다.

그러던 그가 2차 시험에 연거푸 낙방했다. 이후에도 1차 시험에는 한두 번 합격했으나 2차에서 계속 떨어져 결국 포기했다는 소식을 들었다. 그런데 몇 년을 연락도 없던 그에게서 연락이 왔다. 사법고시에 최종 합격했다는 것이다. 나는 깜짝 놀랐다. 어떻게 그런 일이 일어났을까 궁금했다. 만나서 이야기를 들어 보니 한 편의 드라마 같다는 생각이 들었다.

사법고시를 포기한 그는 노량진의 공무원 시험 준비 학원에서 강의를 했다. 그곳에서 지금의 아내를 만났다. 아내는 그의 성실성을 알아보고 돈은 자기가 벌 테니 사법고시에 다시 도전해보라고 했다.

그는 '이대로 포기하면 평생 한이 될 것 같다'는 생각이 번쩍 들었고, 아내의 후원 아래 이번이 마지막이라는 생각으로 비장하게 다시 시험공부를 했고 합격한 것이다. 고시공부를 시작한 지 8년 만이었다. 공부하는 중간에 아버지가 돌아가시는 아픔도 겪었고, 생활비 때문에 고생도 많이 했다. 그렇게 고되었지만 결국 그는 해냈다. 그의 이야기를 들으며 눈시울이 뜨거워졌다.

내가 포기하지 않으면 아직 끝난 것이 아니다. 주변에서 나에게 다시 해보라고 권하고 재촉하더라도 내 마음이 움직이지 않으면 아무 소용이 없다. 주변에서 어떻게 나오든 결정적인 마지막 행동은 내가 하는 것이다. 아내의 권유를 듣고 다시 공부를 시작한 후배의 마음 깊은 곳에서는 그대로 포기할 수 없다는, 그리고 다시 한 번 도전하면 될 수 있다는 스스로에 대한 믿음과 격려가 있었던 것이다.

나는 나 스스로를 격려하고 나와 만나는 사람에게 영감을 주기를 바라는 마음에 명함 뒷면에 다음과 같이 새겨서 가지고 다닌다.

### DID 마인드
- 나는 내 능력의 3%도 쓰고 있지 않다.
- 나는 나머지 내 능력의 97%를 찾을 것이다.
- 나는 못하는 것이 아니라 안 하고 있을 뿐이다.
- 나는 나만의 꿈을 향해 될 때까지 DID할 것이다.
- 나는 될 수밖에 없다. 될 때까지 할 거니까.

나 스스로 나를 어떻게 보느냐가 인생을 결정한다. 지금 내가 알고 있는 내 모습이 부정적이라면, 그것은 온전한 내 모습이 아니다. 그동안 겪어온 온갖 경험과 기억이 나를 그렇게 생각하도록 만들었을 뿐이다. 과거의 경험과 기억이 현재의 나에게 부정적인 영향을 미치도록 용납해서는 안 된다. 지금부터는 내가 선택할 수 있다. 내 생각, 내 태도, 내 언어, 내 행동을 말이다. 지금부터 선택한 그 모습이 내 미래를 새롭게 만들어줄 것이다. 나는 힘이 들 때마다, 내가 작아지려고 할 때마다, 외부 환경에 주눅 들려고 할 때마다 이 다섯 가지 다짐을 반복해서 되뇌며 외친다. 그리고 내가 바로 나 자신의 최고 격려자임을 기억한다. 내가 나에게 가장 소중한 베스트 프렌드임을 상기한다.

최근에는 강의를 마무리할 때 꼭 하는 세리머니가 있다. 참가자들이 자신의 꿈을 이루었다고 생각하고 스스로를 위해 기립박수를 보내도록 하는 것이다. 처음에는 대부분 어색해한다. 하지만 내가 "지금 적은 꿈을 여러분이 이루어낸 것입니다. 어렵고 힘들었지만 여러분이 이룬 것입니다. 스스로에게 기립박수를 보냅시다. 더는 다른 사람들을 향해서만, 다른 사람들을 위해서만 박수 치지 맙시다. 이제 나 스스로 꿈을 이루고 나를 향해, 나 자신을 위해 박수 칩시다. 여러분이 꿈을 이룬 것입니다" 하고 격려하면 모두 자신 있게 박수를 친다. 종종 눈물을 흘리는 분들도 있다. 스스로를 향해 박수를 쳐본 적이 없고, 늘 세상과 인생의 무게에 눌려 있었기 때문이다.

자신을 격려하는 박수를, 스스로 축하하는 박수를 보내본 적이 없다면 이제 일어나 박수 쳐라. 지금은 비록 작아 보이지만 내 미래는 절대로 작지 않다. 내가 정성을 다해 움직이면 수면 아래에서 잠자던 내 능력이 깨어난다. 그리고 내 생각보다 훨씬 커진 나를 발견하고 깜짝 놀랄 것이다.

**에필로그**

# 어머니의 마음으로
정성을 담다

　　　　　　　　　　고3 수험생 시절 학력고사를 보러 가는데 어머니가 내가 태어났을 때 처음 입었던 배냇저고리를 윗옷 안주머니에 넣어주셨다. 시험 보는 내내 어머니가 바로 곁에 계신 것처럼 느껴져 시험을 잘 치를 수 있었다. 태어났을 때 입혔던 옷을 18년이나 고이 간직했다가 중요한 시험을 치를 때 꺼내서 품속에 넣어주신 어머니의 정성. 그 정성이 없었으면 오늘날의 나는 없었을 것이다.

　초등학교밖에 안 나왔지만 온몸으로 농사를 지으며 알뜰살뜰 살림을 해 자식 셋을 키우고 집도 장만하신 어머니, 군대에 있는 동안 삐뚤빼뚤한 글씨로 편지를 써 보내 아들을 울린 어머니. 이 책을 쓰는 동안 어머니가 하늘나라로 가셨다. 아들에게 보여주신 정성의 백만분의 일도 돌려받지 않고 아들보다 먼저 가신 것이다.

이 책을 쓰기 위해 나름대로 정성을 다했다. 꿈을 내려놓았던 이들 중 한 사람이라도 이 책을 읽고 다시 꿈을 향해 갈 수 있게 된다면 더 바랄 게 없다.

새벽길의 차가운 상쾌함으로
두 번째 책의 원고를 쓰려고 카페에 왔습니다.
모두가 힘들다고 하기에
너무도 아프다고 하기에
갈수록 어렵다고 하기에
그래도 희망이 있음을
솟아날 구멍이 있음을
스스로 찾을 수 있음을
나지막이 속삭이고 싶어
원고에 정성을 담습니다.
나와 비슷한 사람들이 정성으로 당당하게 꿈을
이루어가는 과정을 싣습니다.

이 책을 쓰던 어느 새벽 아침 SNS에 올린 글이다.

**참고문헌**

강우현(2009), 《남이섬 CEO 강우현의 상상망치》, 나미북스.
김규환(2009), 《어머니 저는 해냈어요》, 김영사.
김병숙(2007), 《한국직업발달사》, 시그마프레스.
김석봉(2004), 《석봉토스트, 연봉 1억 신화》, 넥서스.
김수림(2012), 《살면서 포기해야 할 것은 없다》, 웅진지식하우스.
김탁환(2011), 《김탁환의 쉐이크》, 다산책방.
나폴레온 힐(2010), 《놓치고 싶지 않은 나의 꿈 나의 인생》, 국일미디어.
노병천(2012), 《만만한 손자병법》, 세종서적.
니카노 히토리(2005), 《전차남》, 서울문화사.
대니얼 코일(2009), 《탤런트 코드》, 웅진지식하우스.
더글러스 스톤 외(2003), 《대화의 심리학》, 21세기북스.
러셀 프리드먼(1992), 《루즈벨트》, 고려원.
로맹 롤랑(2008), 《톨스토이의 생애》, 범우사.
롤프 옌센(2005), 《드림 소사이어티》, 리드리드출판.
마이클 레빈(2006), 《깨진 유리창의 법칙》, 흐름출판.
미하이 칙센트미하이(2006), 《몰입의 경영》, 황금가지.
밥 파이크(2004), 《창의적 교수법》, 김영사.
서두칠(2001), 《우리는 기적이라 말하지 않는다》, 김영사.
신진상(2008), 《스타 강사로 10억 벌기》, 비전코리아.
알랜 줄로(2007), 《마흔 이후에 성공한 사람들》, 수린재.
여민지(2011), 《일기가 나를 키웠어요》, 명진출판사.
월터 아이작슨(2006), 《벤저민 프랭클린 인생의 발견》, 21세기북스.
월터 아이작슨(2011), 《스티브 잡스》, 민음사.
유니타스 브랜드(2012), 《휴먼브랜딩》, 모라비안유니타스.
이노우에 아쓰오(2006), 《일본의 제일부자 손정의》, 김영사.
이승한(2009), 《창조 바이러스 H2C》, 랜덤하우스코리아.
이영석(2012), 《인생에 변명하지 마라》, 쌤앤파커스.

이영숙(2010), 《행복을 만드는 성품》, 두란노.

이외수(2007), 《글쓰기의 공중부양》, 해냄.

이지성(2007), 《꿈꾸는 다락방》, 국일미디어.

이해인(2008), 《작은 기쁨》, 열림원.

잭 트라우트, 알 리스(2008), 《마케팅 불변의 법칙》, 비즈니스맵.

전광(2005), 《성경이 만든 사람 : 백화점 왕 워너메이커》, 생명의 말씀사.

전용복(2010), 《한국인 전용복》, 시공사.

정진홍(2006), 《완벽에의 충동》, 21세기북스.

조서환(2011), 《모티베이터》, 위즈덤하우스.

조셉 미첼리(2009), 《리츠 칼튼 꿈의 서비스》, 비전과리더십.

줄리아 카메론(2003), 《아티스트 웨이》, 경당.

톨스토이(2003), 《부활》, 민음사.

트와일라 타프(2011), 《천재들의 창조적 습관》, 문예출판사.

"짝퉁가방 알리고 팔아도 처벌," 《경향신문》, 2012. 12. 25.

"히딩크 감독팀 러시아 안지로 지도자 연수 떠나는 홍명보," 《조선일보》, 2012. 12. 29.